关于朝辉（私募）投资管理机构

朝辉（私募）投资管理机构由国内顶级操盘大师伍朝辉先生于1999年在广州发起创立，是一个纯民间私募投资理财组织。朝辉（私募）投资管理机构主要为内部会员提供个性化投资决策、全权委托理财服务，并由伍朝辉先生直接负责指挥操盘。

机构自创立以来，与国内多家证券公司、投资机构均有不同深度的合作，如广发证券、中投证券、联合证券、湘财证券、大鹏证券、光大证券等；近10年来，组织大量资金跟进每波主流行情，内部会员获利极为丰厚。仅2005年以来，内部钻石会员的平均收益率达到468%！白金会员的平均收益率达到300%以上！普通会员平均收益率达到190%以上（普通会员以随机调查取样统计结果）。以2006年12月11日入会的钻石会员邓先生为例：入市资金为132万元，截止2007年12月，资产总额已经达到1595万元，收益率超过10倍！

朝辉（私募）投资管理机构经过10多年的发展，由最初仅1800万元启动资金5个钻石会员客户，到如今，已经拥有200亿以上资金总量，并在全国20个省80多个城市100余家证券公司拥有会员交易账户，从而成为华南地区特大型民间私募组织之一。

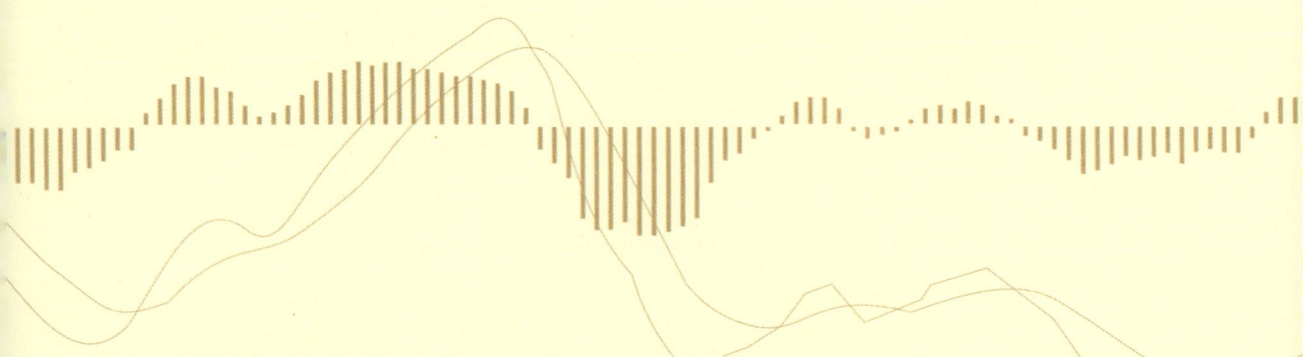

特大型私募机构职业操盘手培训教程

《中国证券职业操盘培训教程》系列丛书

道破短线天机

伍朝辉 著

彩图版

（上册）

必将为你带来终生财富的工具书

广东省出版集团
广东经济出版社
·广州·

图书在版编目（CIP）数据

道破短线天机：彩图版．上册／伍朝辉著．—广州：广东经济出版社，2013.4
（《中国证券职业操盘培训教程》系列丛书）
ISBN 978－7－5454－1842－2

Ⅰ．①道… Ⅱ．①伍… Ⅲ．①股票投资—基本知识 Ⅳ．①F830.91

中国版本图书馆CIP数据核字（2013）第059891号

出版发行	广东经济出版社（广州市环市东路水荫路11号11～12楼）
经销	全国新华书店
印刷	广州市岭美彩印有限公司
	（广州市荔湾区芳村花地大道南，海南工商贸易区A幢）
开本	787毫米×1092毫米 1/16
印张	16 2插页
字数	184 000字
版次	2013年4月第1版
印次	2013年4月第1次
印数	1～10 000册
书号	ISBN 978－7－5454－1842－2
定价	80.00元

如发现印装质量问题，影响阅读，请与承印厂联系调换。
发行部地址：广州市环市东路水荫路11号11楼
电话：(020) 38306055 38306107 邮政编码：510075
邮购地址：广州市环市东路水荫路11号11楼
电话：(020) 37601950 营销网址 http：//www.gebook.com
广东经济出版社新浪官方微博：http：//e.weibo.com/gebook
广东经济出版社常年法律顾问：何剑桥律师
·版权所有 翻印必究·

《中国证券职业操盘培训教程》策划手记

《中国证券职业操盘培训教程》系列丛书是我国第一套以证券职业操盘技术为基础、以提高普通投资者投资技能为手段、以规避投资风险为要领、以创造神奇绩效为目的的系统性专业化培训教材。它将开创我国首次将证券职业操盘技术作为一门学科进行理论化研究应用的先例。《中国证券职业操盘培训教程》全套教材设想共分为10大系列80分册，合计超过1680余万字数，超过18880幅股票实战图谱，全部按照职业化、系统化、细节化、工具化和模块化的思路来架构，并本着简洁明了、通俗易懂的行文方式来写作。力求做到简明实用、针对性强，以便对投资者有切实的帮助，进而达到职业操盘手的专业水准。

一、《中国证券职业操盘培训教程》系列丛书的显著特色

本套教材具有系统化、模块化、工具化、细节化和职业化等特色。所谓系统化，是指教材根据股市投资操盘技术的各个方面进行系统化分类展开创作和出版。所谓模块化，是指教材的行文格式全面采用图文结构的模块思路。所谓工具化，是指教材的用途力求做到成为中小投资者的操盘技术指导工具。所谓细节化，是指教材根据系统化分类原则，对各个操盘技术分别进行细节性描述，力求精练易懂易学实用。所谓职业化，是指教材突出职业化培训特色，打造职业化投资者队伍，培养投资者的职业素质。

二、《中国证券职业操盘培训教程》系列丛书的发展目标

我们策划出版这套丛书，希望能够成为我国第一套基于中小投资者职业技能与素质教育的培训教材。希望能够获得政府机关、监管部门、行业机构和广大中小投资者一致认可。希望能够成为机构投资者首选职业技能培训教材。而且希望能够争取发行量达到 100 万套以上。这是我们的追求，这是我们的宏愿，希望能够得到广大朋友们的鼎力支持。

三、《中国证券职业操盘培训教程》系列丛书的出版计划

《中国证券职业操盘培训教程》系列丛书全套教材共 80 册，每册约 20 万字和 240 幅实战图谱，总字数为 1600 万，共 19320 幅图谱左右。本教材计划分为 10 辑，第 1 辑为入门知识篇，共 12 册，计划于 2012 年 12 月创作完毕并交稿，并于 2013 年 12 月出版完毕。以后每年出版一批，力争在 10 年内完成所有工作。

四、《中国证券职业操盘培训教程》系列丛书的写作规划

《中国证券职业操盘培训教程》系列丛书规模宏大，册数众多，按照规划，将首先出版最基础的入门教程，分别涵盖盘口技术、短线技术、涨停技术、趋势技术、K 线技术和选股技术几个方面，这部分内容是最重要的基础知识，将在《道破股市天机》系列丛书的基础上修订，并于 2013 年完成所有工作。这是第一辑。接下来，还将出版的教材详细计划参见下边的表格所示，这里列举一个例子，供大家参考。例如盘口波形就包括以下内容：

序号	核心教程	内容方案
第 1 册	试盘波	技术理论、图谱讲解、实战案例
第 2 册	冲击波	技术理论、图谱讲解、实战案例
第 3 册	攻击波	技术理论、图谱讲解、实战案例
第 4 册	回头波	技术理论、图谱讲解、实战案例
第 5 册	脉冲波	技术理论、图谱讲解、实战案例
第 6 册	蚯蚓波	技术理论、图谱讲解、实战案例
第 7 册	震仓波	技术理论、图谱讲解、实战案例
第 8 册	假升波	技术理论、图谱讲解、实战案例
第 9 册	瀑布波	技术理论、图谱讲解、实战案例
第 10 册	跌停波	技术理论、图谱讲解、实战案例

等等，因为内容众多，限于篇幅，不作一一列举，敬请谅解。

《中国证券职业操盘培训教程》系列丛书全套教材通过模块化、工具化、细节化、职业化和系统化的教学程序，让所有的读者得到更全面的指导和更加系统化的职业教育。

《中国证券职业操盘培训教程》系列丛书作为操盘学研究会在新的市场背景下对中国股市作出的重要贡献，同时，也是为我们的机构即将到来的阳光化建立良好的品牌形象。《中国证券职业操盘培训教程》系列丛书将由操盘学研究会管理人伍朝辉先生授权广东经济出版社独家出版发行，是广东经济出版社在中国证券市场新的发展时期的经典之作。《中国证券职业操盘培训教程》系列丛书既是对中国证券界的杰出奉献，更是里程碑之作。它将标志着我国股民在接受职业化、专业化、系统化投资教育方面步入了一个崭新的时期。因为这套教材的出版问世，将极大地提高普通投资者在中国股市的实战投资技能和抗风险能力，这对我国股市任重道远的风险投资教育而言，起到了一个巨大的推动作用。

《道破短线天机》彩图版前言

短线投资在全球股市的操盘界历来均是一个热门话题，大家耳熟能详的江恩大师就是一个最经典的例子。对一个职业操盘手来说，短线投资更是检验操盘技能的一个重要表现项目。

很多股民朋友对短线投资只有一个模糊的概念。大家以为短线投资就是今天买进明天卖出这样一个操盘行为，其实这只是片面地甚至是错误地曲解了短线投资的真正含义。笔者在总结前辈大师的经典案例之基础上，结合自己多年来在市场操盘的实践经验中得出结论：短线投资是所有投资策略中一种最经典的短期投资手段。其目的是在快速变幻的市场行情中捕捉电光火石般的投资机会，迅速作出投资决策，并在较短的时间段内获得较高的投资收益。因此，短线投资不是普通股民朋友所理解的追涨杀跌这么简单。在职业操盘手的眼里，短线投资是一门极为高超的操盘技能和投资艺术。长期以来，由于认识上的误区，很多股民朋友在短线投资的道路上损失惨重。更由于许多股票书籍的作者因缺乏丰富的操盘经验和系统的投资理论体系，对短线投资的认识不足，对短线投资的宣传和指导并不到位，因而使得股民朋友并未获得正确的指导。这真是一种悲哀啊！

业内有一句话叫"长线是金，短线是银"。然而在笔者看来，短线投资既不是金也不是银，应该是钻石！如果说短线仅仅是银，我劝广大投资者就不要炒短线了，因为不值钱啊，而且风险很大，远远超出"银"所能体现的价值。在全球投资界有一条铁律，即：当投资风险大于投资收益时，这项投资就缺乏了应有的价值，也就没有持续研究和操作的必要！笔者认为短线投资具备钻石般的价值，是因为短线投资不但可以令投资者在较短的时间段内获得极高的收益，更可极大地提高投资者在股市中生存的技能，及获得巨大财富的机会。所以，短线投资应该称之为"钻石投资"！

那么如何进行短线投资？如何让短线投资在一种可靠的技术状态下来顺利完成？如何让短线投资成为中小投资者在股市获取巨大财富的法宝？让所有的中小投资者都拥有一身过硬的投资技能，都能在股市中尽快赚到属于自己的巨大财富，这是笔者的神圣使命，也是促使笔者创作《道破股市天机》系列丛书的一个重要原因。

《道破短线天机》全书正是建立在这样的理解范围内，通过投资原则和操盘纪律、风险控制法则及三套短线操盘技术系统共五大部分，全面引导投资者建立自己最系统的投资理论和投资风险控制体系，并指导投资者以最经典实用的短线操盘技术系统来获取股市的巨大财富。本书既有系统的理论依据，更有最经典最实用的短线投资操盘技术系统，是中小投资者和职业操盘手最值得收藏的经典作品，更是中小投资者炒股必备的实战指导工具。

《道破短线天机》出版以来，备受欢迎，说明笔者的努力已经得到了广大投资者和职业操盘手们的认可。这是令人欣慰的。这次修订，修正了原书的一些错漏，调整了框架结构，并新增了不少内容。全部图谱均采用全新截图，并以彩图的形式出版。为了帮助投资者切实掌握短线操盘的精髓，特地增加了实训图谱和实战案例两章内容，请各位反复背诵，揣摩和领悟。只有狠下苦功，反复锤炼，才有可能成为短线职业操盘高手。特地说明。

在学习和使用本书的过程中，如果遇到什么问题，可以联系操盘学院，寻求援助。

读者交流园地 QQ 群号码是 114991640，业务邮箱是 caopanxue@qq.com。

目　录

第一章　短线投资原则　/1

第一节　什么是投资原则　/3
第二节　短线投资原则　/3
　【道破短线天机】实战图谱001　/4
　【道破短线天机】实战图谱002　/5
　【道破短线天机】实战图谱003　/6
第三节　中线投资原则　/7
　【道破短线天机】实战图谱004　/8
　【道破短线天机】实战图谱005　/9
　【道破短线天机】实战图谱006　/10
　【道破短线天机】实战图谱007　/12
　【道破短线天机】实战图谱008　/13
第四节　长线投资原则　/14
　【道破短线天机】实战图谱009　/15
　【道破短线天机】实战图谱010　/16
　【道破短线天机】实战图谱011　/17

第二章　短线操盘纪律　/19

第一节　短线操盘纪律的重要性　/21
【道破短线天机】实战图谱012　/22
【道破短线天机】实战图谱013　/23
【道破短线天机】实战图谱014　/24
【道破短线天机】实战图谱015　/25

第二节　根据自己的实际制定操盘纪律　/26

第三章　短线矛盾学说　/29

第一节　矛式攻击体系　/31
【道破短线天机】实战图谱016　/32
【道破短线天机】实战图谱017　/33

第二节　盾式防御体系　/34
【道破短线天机】实战图谱018　/35
【道破短线天机】实战图谱019　/36
【道破短线天机】实战图谱020　/37
【道破短线天机】实战图谱021　/38

第四章　股价阶段法则　/41

第一节　关于底部阶段　/43
【道破短线天机】实战图谱022　/44
【道破短线天机】实战图谱023　/45
【道破短线天机】实战图谱024　/46
【道破短线天机】实战图谱025　/47

第二节　关于拉升阶段　/48
【道破短线天机】实战图谱026　/48
【道破短线天机】实战图谱027　/49
【道破短线天机】实战图谱028　/50

第三节　关于头部阶段　/51
【道破短线天机】实战图谱029　/51

【道破短线天机】实战图谱030 /52

第五章 平均线抓黑马 /55

第一节 均线狙击的基本原则 /57
第二节 均线狙击黑马实战案例 /59
【道破短线天机】实战图谱031 /59
【道破短线天机】实战图谱032 /60
【道破短线天机】实战图谱033 /61
【道破短线天机】实战图谱034 /62
【道破短线天机】实战图谱035 /63
【道破短线天机】实战图谱036 /64
【道破短线天机】实战图谱037 /65
【道破短线天机】实战图谱038 /66
【道破短线天机】实战图谱039 /67
【道破短线天机】实战图谱040 /68
【道破短线天机】实战图谱041 /69
【道破短线天机】实战图谱042 /70
【道破短线天机】实战图谱043 /71
【道破短线天机】实战图谱044 /72
【道破短线天机】实战图谱045 /73
【道破短线天机】实战图谱046 /74
【道破短线天机】实战图谱047 /75
【道破短线天机】实战图谱048 /76
【道破短线天机】实战图谱049 /77
【道破短线天机】实战图谱050 /78
【道破短线天机】实战图谱051 /79
【道破短线天机】实战图谱052 /80
【道破短线天机】实战图谱053 /81
【道破短线天机】实战图谱054 /82
【道破短线天机】实战图谱055 /83
【道破短线天机】实战图谱056 /84

【道破短线天机】实战图谱 057　/85

【道破短线天机】实战图谱 058　/86

【道破短线天机】实战图谱 059　/87

【道破短线天机】实战图谱 060　/88

【道破短线天机】实战图谱 061　/89

【道破短线天机】实战图谱 062　/90

【道破短线天机】实战图谱 063　/91

【道破短线天机】实战图谱 064　/92

【道破短线天机】实战图谱 065　/93

【道破短线天机】实战图谱 066　/94

【道破短线天机】实战图谱 067　/95

【道破短线天机】实战图谱 068　/96

【道破短线天机】实战图谱 069　/97

【道破短线天机】实战图谱 070　/98

【道破短线天机】实战图谱 071　/99

【道破短线天机】实战图谱 072　/100

【道破短线天机】实战图谱 073　/101

【道破短线天机】实战图谱 074　/102

【道破短线天机】实战图谱 075　/103

【道破短线天机】实战图谱 076　/104

【道破短线天机】实战图谱 077　/105

【道破短线天机】实战图谱 078　/106

【道破短线天机】实战图谱 079　/107

【道破短线天机】实战图谱 080　/108

第六章　狙击涨停技法　/109

第一节　狙击涨停的经典技法　/111
第二节　狙击涨停的实战案例　/113

【道破短线天机】实战图谱 081　/113

【道破短线天机】实战图谱 082　/115

【道破短线天机】实战图谱 083　/116

【道破短线天机】实战图谱 084　/117

【道破短线天机】实战图谱 085　/118

【道破短线天机】实战图谱 086　/119

【道破短线天机】实战图谱 087　/120

【道破短线天机】实战图谱 088　/121

【道破短线天机】实战图谱 089　/122

【道破短线天机】实战图谱 090　/123

【道破短线天机】实战图谱 091　/124

【道破短线天机】实战图谱 092　/125

【道破短线天机】实战图谱 093　/126

【道破短线天机】实战图谱 094　/127

【道破短线天机】实战图谱 095　/128

【道破短线天机】实战图谱 096　/129

【道破短线天机】实战图谱 097　/130

【道破短线天机】实战图谱 098　/131

【道破短线天机】实战图谱 099　/132

【道破短线天机】实战图谱 100　/133

第七章　短线实训图谱　/135

第一节　空间位置低位起涨点　/137

【道破短线天机】实战图谱 101　/138

【道破短线天机】实战图谱 102　/139

【道破短线天机】实战图谱 103　/140

【道破短线天机】实战图谱 104　/141

【道破短线天机】实战图谱 105　/142

【道破短线天机】实战图谱 106　/143

【道破短线天机】实战图谱 107　/144

【道破短线天机】实战图谱 108　/145

【道破短线天机】实战图谱 109　/146

【道破短线天机】实战图谱 110　/147

第二节 空间位置低位突破均线 /148

【道破短线天机】实战图谱111 /148
【道破短线天机】实战图谱112 /149
【道破短线天机】实战图谱113 /150
【道破短线天机】实战图谱114 /151
【道破短线天机】实战图谱115 /152
【道破短线天机】实战图谱116 /153
【道破短线天机】实战图谱117 /154
【道破短线天机】实战图谱118 /155
【道破短线天机】实战图谱119 /156
【道破短线天机】实战图谱120 /157

第三节 关键技术点位短线出击 /158

【道破短线天机】实战图谱121 /158
【道破短线天机】实战图谱122 /159
【道破短线天机】实战图谱123 /160
【道破短线天机】实战图谱124 /161
【道破短线天机】实战图谱125 /162
【道破短线天机】实战图谱126 /163
【道破短线天机】实战图谱127 /164
【道破短线天机】实战图谱128 /165
【道破短线天机】实战图谱129 /166
【道破短线天机】实战图谱130 /167

第四节 短线狙击腾飞点训练 /168

【道破短线天机】实战图谱131 /168
【道破短线天机】实战图谱132 /169
【道破短线天机】实战图谱133 /170
【道破短线天机】实战图谱134 /171
【道破短线天机】实战图谱135 /172
【道破短线天机】实战图谱136 /173
【道破短线天机】实战图谱137 /174
【道破短线天机】实战图谱138 /175

【道破短线天机】实战图谱139　／176

【道破短线天机】实战图谱140　／177

第五节　短线狙击伏击圈训练　／178

【道破短线天机】实战图谱141　／178

【道破短线天机】实战图谱142　／179

【道破短线天机】实战图谱143　／180

【道破短线天机】实战图谱144　／181

【道破短线天机】实战图谱145　／182

【道破短线天机】实战图谱146　／183

【道破短线天机】实战图谱147　／184

【道破短线天机】实战图谱148　／185

【道破短线天机】实战图谱149　／186

【道破短线天机】实战图谱150　／187

第六节　短线狙击超跌反弹　／188

【道破短线天机】实战图谱151　／188

【道破短线天机】实战图谱152　／189

【道破短线天机】实战图谱153　／190

【道破短线天机】实战图谱154　／191

【道破短线天机】实战图谱155　／192

【道破短线天机】实战图谱156　／193

【道破短线天机】实战图谱157　／194

【道破短线天机】实战图谱158　／195

【道破短线天机】实战图谱159　／196

【道破短线天机】实战图谱160　／197

第八章　短线实战案例　／199

第一节　短线狙击冠豪高新（600433）　／201

【道破短线天机】实战图谱161　／201

【道破短线天机】实战图谱162　／202

【道破短线天机】实战图谱163　／203

【道破短线天机】实战图谱164　／204

【道破短线天机】实战图谱165 /205
【道破短线天机】实战图谱166 /206
【道破短线天机】实战图谱167 /207
【道破短线天机】实战图谱168 /208
【道破短线天机】实战图谱169 /209
【道破短线天机】实战图谱170 /210

第二节 短线狙击昌九生化（600228） /211

【道破短线天机】实战图谱171 /211
【道破短线天机】实战图谱172 /212
【道破短线天机】实战图谱173 /213
【道破短线天机】实战图谱174 /214
【道破短线天机】实战图谱175 /215
【道破短线天机】实战图谱176 /216
【道破短线天机】实战图谱177 /217
【道破短线天机】实战图谱178 /218
【道破短线天机】实战图谱179 /219
【道破短线天机】实战图谱180 /220

第三节 短线狙击中航重机（600765） /221

【道破短线天机】实战图谱181 /221
【道破短线天机】实战图谱182 /222
【道破短线天机】实战图谱183 /223
【道破短线天机】实战图谱184 /224
【道破短线天机】实战图谱185 /225
【道破短线天机】实战图谱186 /226
【道破短线天机】实战图谱187 /227
【道破短线天机】实战图谱188 /228
【道破短线天机】实战图谱189 /229
【道破短线天机】实战图谱190 /230

第四节 短线狙击创业环保（600874） /231

【道破短线天机】实战图谱191 /231
【道破短线天机】实战图谱192 /232

【道破短线天机】实战图谱193 /233

【道破短线天机】实战图谱194 /234

【道破短线天机】实战图谱195 /235

【道破短线天机】实战图谱196 /236

【道破短线天机】实战图谱197 /237

【道破短线天机】实战图谱198 /238

【道破短线天机】实战图谱199 /239

【道破短线天机】实战图谱200 /240

第一章
短线投资原则

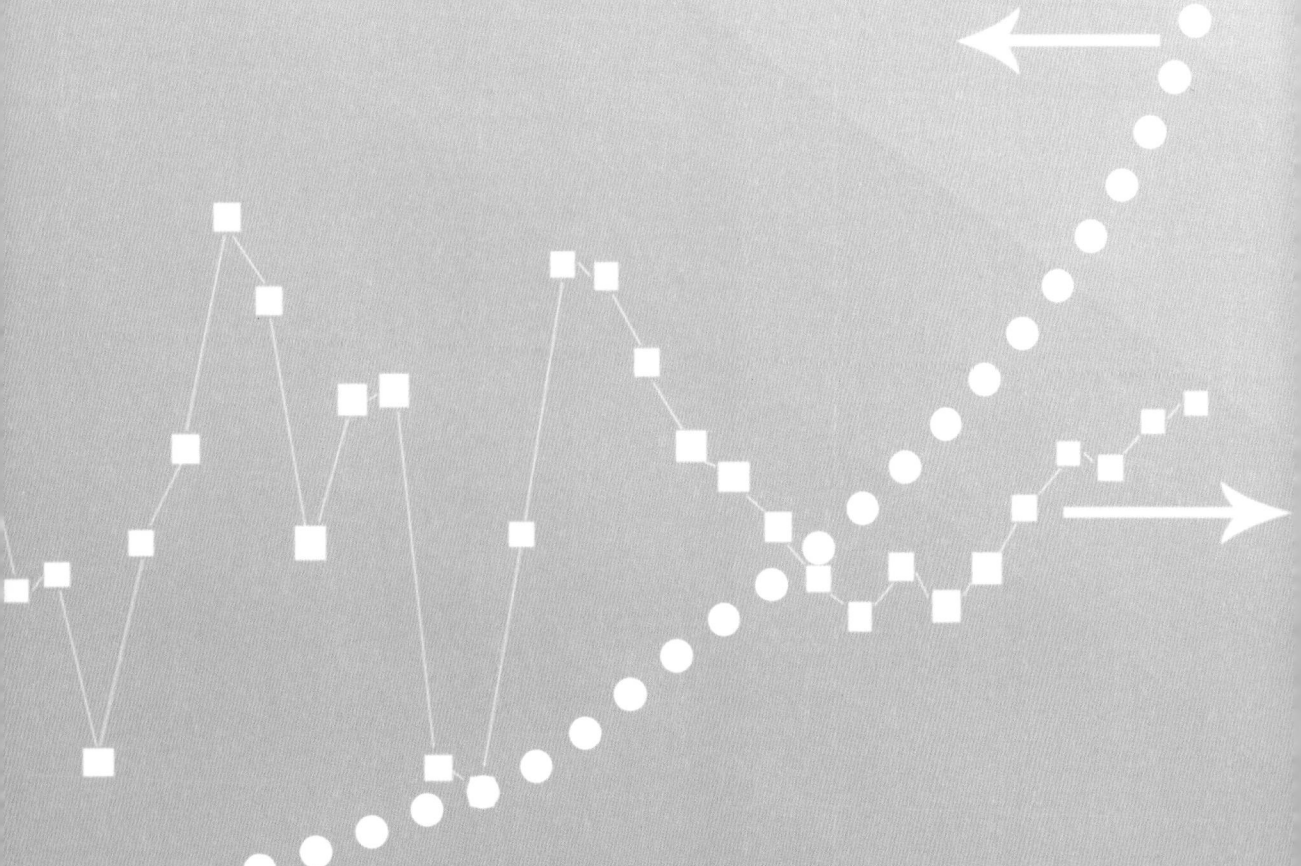

第一节　什么是投资原则

一个投资者如果没有自己的投资原则，这个人肯定不会赚到钱。至少，也不会赚到大钱。这句话，绝对不是危言耸听。试想一下，作为一个投资者，进出风险极大的资本市场，如果连最基本的投资原则都没有建立，他又如何能赚到属于自己的财富呢？

那么，什么是投资原则？

根据笔者的理解，投资原则即是投资者根据自身的基础条件、素质、专长和抗风险能力设定的投资准则。譬如，笔者本人的性格属于好动型，思路比较活跃，最初入市时资金量较少，不太适合长期持有某只股票。因此，笔者根据自身的特点，设定自己的投资原则以短线投资为主，中线波段投资为辅。这样设定之后，笔者在以后的实践过程中，就完全以自己的投资原则为准绳进行操作。无论牛市还是熊市，笔者每天都能很好地抓住进出股市的操作机会。通过这样的操作，在笔者入市最初的两年内，本金以几何倍数地进行飚升。自己赚钱不用别人知道。同时入市的股友，他们还在原地踏步踏，和笔者已经不可同日而语了。

通常情况下，投资原则可分为短线、中线、中长线和长线四个标准体系。为了让读者更能清醒地认识到自己的投资行为，笔者以下对这四个标准体系进行一一阐述。

第二节　短线投资原则

短线投资原则管理体系如下：

短线投资原则管理体系具体有以下几个技术标准：

第一，持股时间长度一般为 3~20 个交易日以内。

第二，盈利目标值为 5%~40% 之间。

第三，操作风险值为 5%~10% 之间。

第四，技术分析与操作系统以日 K 线、分时系统和即时系统为主。

第五，选股标准值：每天涨跌幅前20强；每天涨跌幅前48强。

第六，目标股票技术形态：上升通道中；大跌时的阶段性重要支撑位止跌信号。

短线投资原则管理体系建立之后，剩下的就是对买卖点位的设定。短线投资讲究的是买进点位的精确性和卖出点位的准确性，这就是技术性的问题了。

对大部分短线投资者而言，买点永远比卖点更重要！

有人说，会卖的是师傅，会买的只是徒弟。笔者却不这么看。笔者认为，会买的更是师傅！为什么呢？买点的好坏将直接决定当天持股的风险系数。如果买点好，当天就能获利，风险系数就低。而买点没抓好，当天被套，或微利，这种情况就会导致风险系数提高。如果第二天一有风吹草动，那就完了。尤其在熊市中，目标股票的短线买点更要精确到比主力还准！超级短线高手总是将自己置于最安全的状态和获利的状态之中，而绝对不会去冒不确定性因素太多的风险。因此，会买才是真正的师傅。

通过对短线投资原则管理体系的操作以实战图谱进行分解，请大家用心体会其中买点和卖点的精妙之处，用心领悟，必有巨大收获！如图例001、002、003所示。

【道破短线天机】实战图谱001

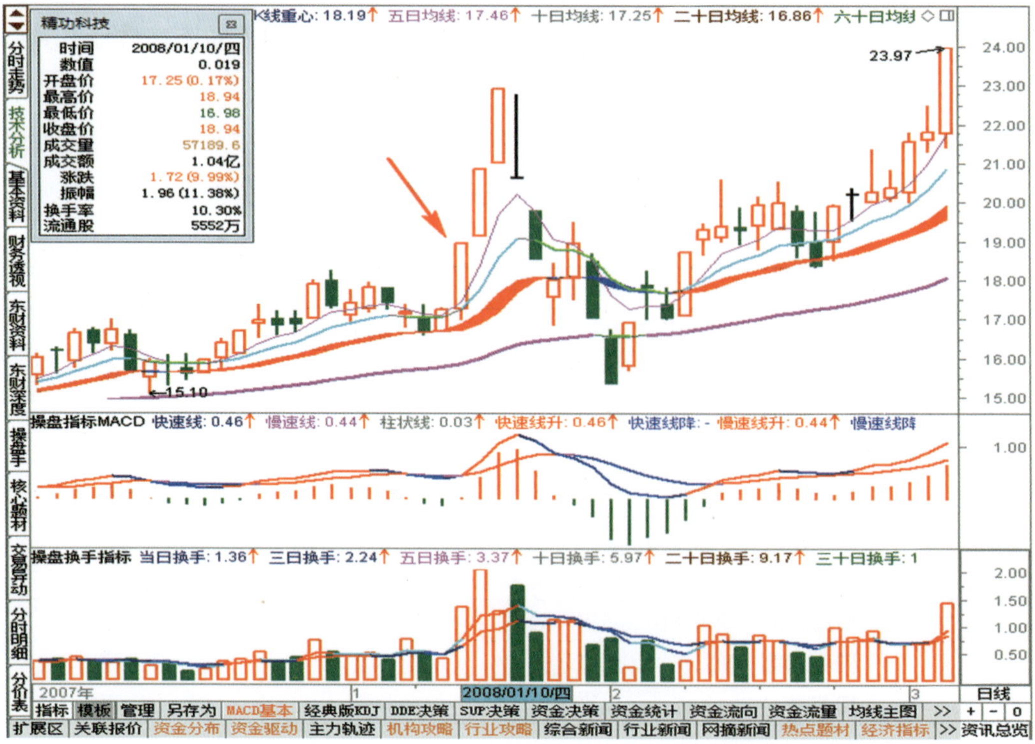

图例001　精工科技（002006）日K线走势图谱

职业操盘手实训要点：

对照软件，认真观察实战图谱，把它们的走势特点写下来：

（1）空间位置：_____
（2）均线结构：_____
（3）量能结构：_____
（4）形态特征：_____
（5）操盘决策：_____

【道破短线天机】实战图谱002

图例002　欣龙控股（000955）日K线走势图谱

职业操盘手实训要点：

对照软件，认真观察实战图谱，把它们的走势特点写下来：

（1）空间位置：＿＿＿＿＿＿＿＿＿＿＿＿＿＿＿＿＿＿＿＿＿＿＿＿＿＿＿＿

（2）均线结构：＿＿＿＿＿＿＿＿＿＿＿＿＿＿＿＿＿＿＿＿＿＿＿＿＿＿＿＿

（3）量能结构：＿＿＿＿＿＿＿＿＿＿＿＿＿＿＿＿＿＿＿＿＿＿＿＿＿＿＿＿

（4）形态特征：＿＿＿＿＿＿＿＿＿＿＿＿＿＿＿＿＿＿＿＿＿＿＿＿＿＿＿＿

（5）操盘决策：＿＿＿＿＿＿＿＿＿＿＿＿＿＿＿＿＿＿＿＿＿＿＿＿＿＿＿＿

【道破短线天机】实战图谱003

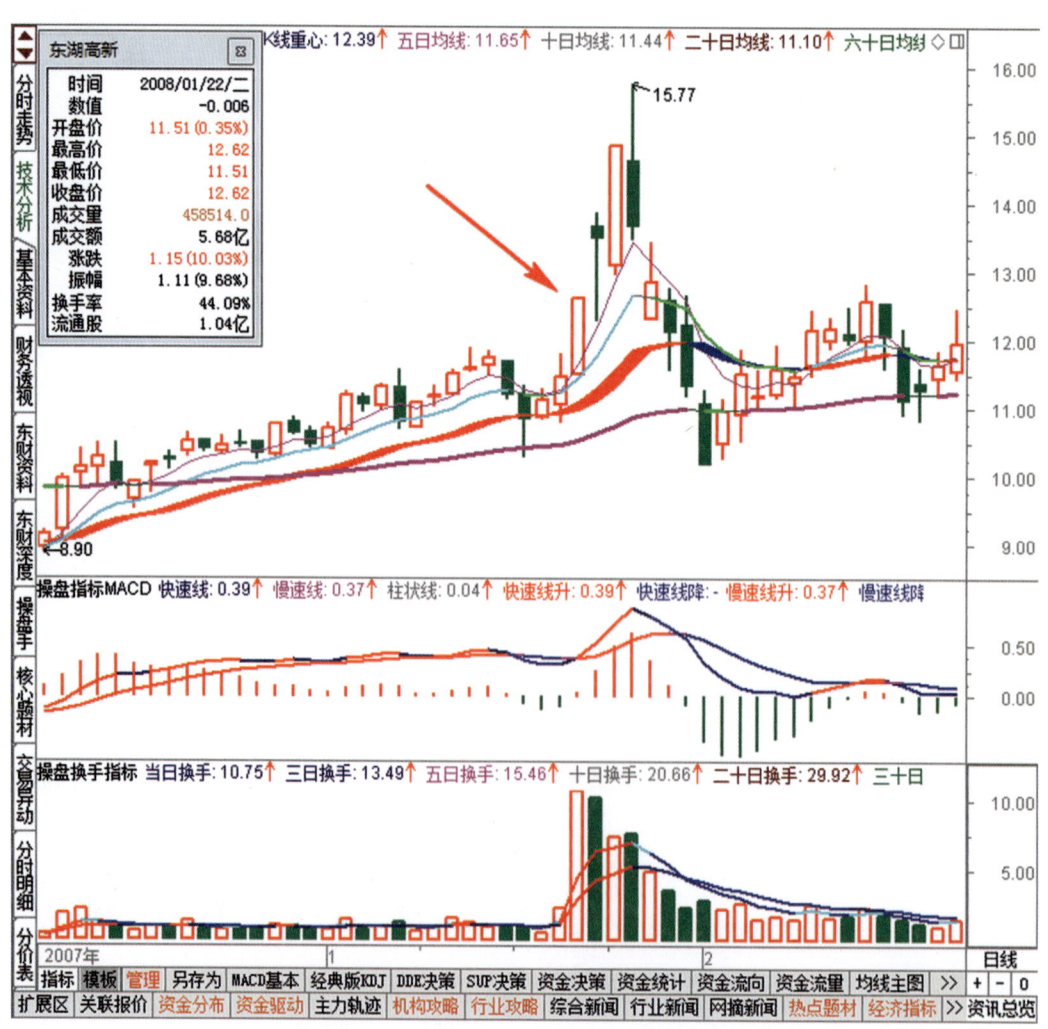

图例003　东湖高新（600133）日K线走势图谱

职业操盘手实训要点：

对照软件，认真观察实战图谱，把它们的走势特点写下来：

（1）空间位置：＿＿＿＿＿＿＿＿＿＿＿＿＿＿＿＿＿＿＿＿＿＿＿

（2）均线结构：＿＿＿＿＿＿＿＿＿＿＿＿＿＿＿＿＿＿＿＿＿＿＿

（3）量能结构：＿＿＿＿＿＿＿＿＿＿＿＿＿＿＿＿＿＿＿＿＿＿＿

（4）形态特征：＿＿＿＿＿＿＿＿＿＿＿＿＿＿＿＿＿＿＿＿＿＿＿

（5）操盘决策：＿＿＿＿＿＿＿＿＿＿＿＿＿＿＿＿＿＿＿＿＿＿＿

短线投资管理体系由于对技术系统的要求较高，因此，对大多数不具备职业投资素质的股民朋友而言，操作价值较低。而对具有专业水平和职业素质较高的投资者而言，则是具有巨大的实战价值。本书关于短线的投资技术，适合于职业投资者和职业操盘手。

第三节　中线投资原则

中线投资原则管理体系如下：

中线投资原则管理体系具体有以下几个技术标准：

第一，持股时间长度一般为25～80个交易日左右。

第二，盈利目标值为20%～80%之间。

第三，操作风险值为10%～15%之间。

第四，技术分析与操作系统以日K线系统为主，周K线系统为辅。

第五，选股标准值：每天涨跌幅前20强；每天涨跌幅前48强。

第六，目标股票技术形态：刚刚形成向上突破；大跌时的阶段性重要支撑位止跌信号。

中线投资者不像短线投资者注重的是买进和卖出的点位，他们讲究的是波段操作策略，买卖的位置以区域性的价格布局为主。如10元区间，则是以10元为中间值，上下在0.3元以内，也就是说在9.7～10.3元之间的价格区域进行建仓性布局。

中线投资管理体系相对短线而言，更具有较强的实战操作价值，对技术系统的要求不如短线投资要求严格，而显得相对较宽松。因此，比较适合半职业性、技术能力和状态一般的投资者操作。一般情况下，中线投资者更能获取阶段性行情的收益。无论牛熊市，每年都会至少有 1~2 个波段行情，如把握得当，则获益自然非浅。从 2006—2007 年这一轮巨大的牛市行情的统计情况来看，绝大部分中线投资者获得了巨大的收益。而相当一部分短线投资者的收益率却并不理想。

中线投资者主要获取的是波段性阶段性的投资收益，因此，对大势的判断非常重要！同时，对买进区域和卖出区域的把握是检验操盘水平与操盘技能的重要标志。

通过对中线投资原则管理体系的操作以实战图谱进行分解，请大家用心体会其中买进区域和卖出区域的操盘特点，用心领悟，必有巨大收获！如图例 004、005、006 所示。

【道破短线天机】实战图谱 004

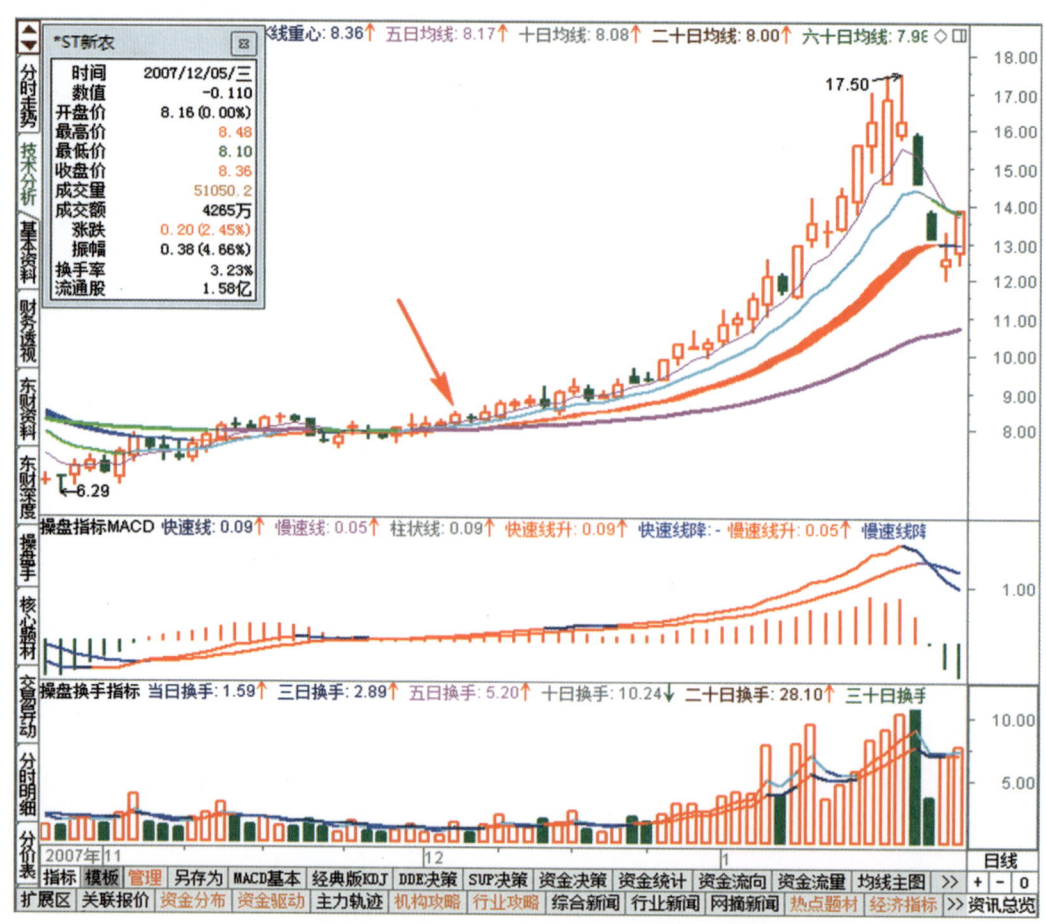

图例 004　新农开发（600359）日 K 线走势图谱

职业操盘手实训要点：

对照软件，认真观察实战图谱，把它们的走势特点写下来：

（1）空间位置：_____

（2）均线结构：_____

（3）量能结构：_____

（4）形态特征：_____

（5）操盘决策：_____

【道破短线天机】实战图谱 005

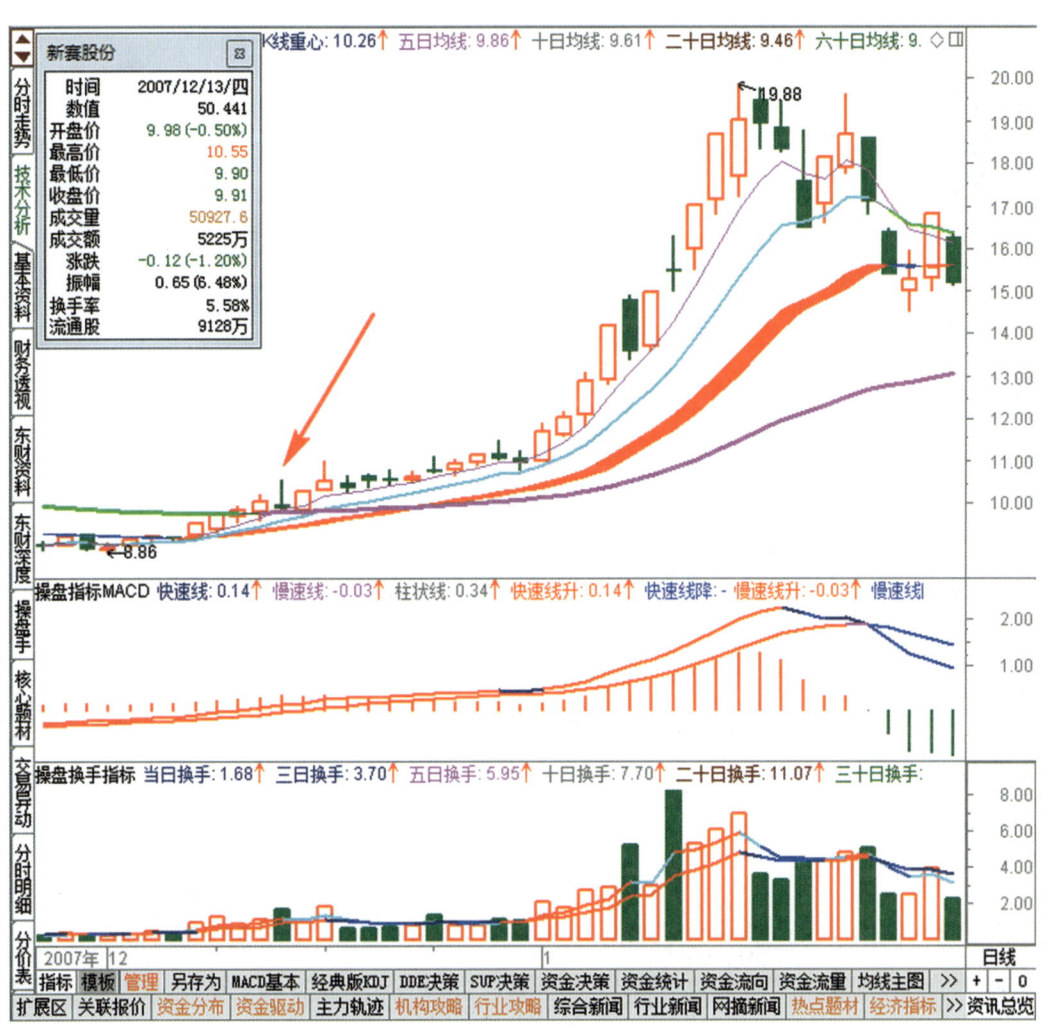

图例 005　新赛股份（600540）日 K 线走势图谱

职业操盘手实训要点：

对照软件，认真观察实战图谱，把它们的走势特点写下来：

（1）空间位置：_____

（2）均线结构：_____

（3）量能结构：_____

（4）形态特征：_____

（5）操盘决策：_____

【道破短线天机】实战图谱006

图例006　獐子岛（002069）日K线走势图谱

职业操盘手实训要点：

对照软件，认真观察实战图谱，把它们的走势特点写下来：

（1）空间位置：_____

（2）均线结构：_____

（3）量能结构：_____

（4）形态特征：_____

（5）操盘决策：_____

中长线投资原则管理体系如下：

中长线投资原则管理体系具体有以下几个技术标准：

第一，持股时间长度一般为 50～300 个交易日以内。

第二，盈利目标值为 50%～100% 之间。

第三，操作风险值为 10%～20% 之间。

第四，技术分析与操作系统以日 K 线、周 K 线系统和月 K 线系统为主。

第五，选股标准值：阶段涨跌幅前 48 强。

第六，目标股票技术形态：周 K 线向上突破初期。

中长线投资原则管理体系实际是建立在中线投资原则管理体系的基础之上，主要特点以价值投资为主，注重股价的趋势运行法则，以大周期大波段的阶段性盈利目标为主。

以中长线投资原则为准绳的投资者在选择进出股市时，均要考虑大盘环境是否有利于建仓。如大盘在下跌阶段初期或上涨阶段末期，均不适合进场建仓。股市运行自有内在的规律。根据往年的运行趋势看，一般情况第四季度是比较好的建仓机会，而第二季度一般是行情最顶峰阶段，容易出现阶段性头部。因此，中长线投资者一般可根据股市的内在规律来进行操作。注重于中长线投资原则的投资者不必拘泥于单日股价的短暂涨跌，而是必须遵循趋势运行的法则来进行操作，在接下来笔者的《道破趋势天机》中会有详细的分析。

因此，在建仓时讲究的是对目标股票的某个价格区域进行建仓，如 10～11 元之间 10% 的价格区域内进行策略性的建仓。一般情况下分为两类仓位结构，第一是攻击仓，也称主动性仓位，建在股价刚突破那一刹那的起涨点上。第二是防守仓，也称滚动仓，建在股价突破后的大洗盘调整的阶段性低位。或者遭遇意外情况和突发事件而致股价大幅下跌时在阶段性低位补仓。如图例 007、008 所示。

股价运行在一波大趋势行情中，一般来说不会因为意外事件而发生突然的变化导致行情产生逆转。每一个大主力都有自己的操盘计划和操盘原则。因此，当股价运行在上升通道中，如果不跌穿 20 天均线的中期生命线，上升行情是不会轻易结束的。中长线投资者大可放心持股，享受大周期波段行情的丰厚获利。

【道破短线天机】实战图谱 007

图例 007　中创信测（600485）日 K 线走势图谱

职业操盘手实训要点：

对照软件，认真观察实战图谱，把它们的走势特点写下来：

（1）空间位置：_____

（2）均线结构：_____

（3）量能结构：_____

（4）形态特征：_____

（5）操盘决策：_____

【道破短线天机】实战图谱 008

图例 008　东百集团（600693）日 K 线走势图谱

职业操盘手实训要点：

对照软件，认真观察实战图谱，把它们的走势特点写下来：

（1）空间位置：_____

（2）均线结构：_____

（3）量能结构：_____

（4）形态特征：_____

（5）操盘决策：_____

第四节　长线投资原则

长线投资原则管理体系如下:
长线投资原则管理体系具体有以下几个技术标准:
第一,持股时间长度一般为300个交易日以上。
第二,盈利目标值为100%~300%以上。
第三,操作风险值为0。
第四,技术分析与操作系统以周K线系统为主,月K线系统为辅。
第五,选股标准值:阶段涨跌幅前48强,遵循价值投资原则。
第六,目标股票技术形态:大跌后处在大周期重要底部,量能萎缩到极致。

长线投资原则管理体系是基于价值投资的基础上建立起来的,最适合研究型学者型的投资者操作。凡是抗风险能力较弱、看盘时间缺乏、操盘技术欠佳、性格内向或资金量较大(500万以上)的投资者均可以采取长线投资原则。

对我国股市而言,上市公司数量较少,发展空间和成长空间均较大。尤其是对于资源稀缺型的上市公司或资源垄断型的上市公司其投资价值更是不可估量。因此,精选这批优质的高成长性股票进行合理化配置,是长线投资者的不二选择。

长线投资者更不要拘泥于股市每天或每月的短暂涨跌,主要通过分享上市公司的高成长来获得收益。当然,如果略懂一点技术,则可以选择在每年股价的阶段性高点抛出,阶段性低点再买入,不断滚动操作,这样获利自然非常丰厚!如图例009、010、011所示。

【道破短线天机】实战图谱 009

图例 009　鲁能泰山（000720）日 K 线走势图谱

职业操盘手实训要点：

对照软件，认真观察实战图谱，把它们的走势特点写下来：

（1）空间位置：_____

（2）均线结构：_____

（3）量能结构：_____

（4）形态特征：_____

（5）操盘决策：_____

【道破短线天机】实战图谱010

图例010　北大荒（600598）日K线走势图谱

职业操盘手实训要点：

对照软件，认真观察实战图谱，把它们的走势特点写下来：

（1）空间位置：_____

（2）均线结构：_____

（3）量能结构：_____

（4）形态特征：_____

（5）操盘决策：_____

【道破短线天机】实战图谱011

图例011　紫光股份（000938）日K线走势图谱

职业操盘手实训要点：

对照软件，认真观察实战图谱，把它们的走势特点写下来：

（1）空间位置：_____

（2）均线结构：_____

（3）量能结构：_____

（4）形态特征：_____

（5）操盘决策：_____

长线投资者如果很好地利用股价趋势法则，在目标的高低点做滚动性操盘，这样，他的获利甚至可能高于同期市场的任何主力。需要指出的是，每一只优质的目标股票均有中长线主力在其中运作。大家可以看看基金每季季度报表就知道了。好公司往往是基金扎堆持有的。即使阶段性减持，也会在接下来的行情疯狂建仓。虽然这些好股票整体涨幅也许不太大，但行情走势一般特别稳，不会轻易地大涨大落。这样的股票，长线投资者即使短期被套，也会在下一波行情中顺利解套。

长线投资者的建仓一般必须选择在目标股票大跌后处在大周期重要底部，量能萎缩到极致，此时，股价跌无可跌，就是长线投资者最佳建仓时机的来临。在建仓时，和中长线投资者一样，主要是针对目标的价格区域为基准来进行建仓，不必拘泥于当日股价的短暂涨跌。

总之，投资原则是每位投资者入市时必须要具备的基础素质。如果您还没有建立投资原则，或者没有意识到这一点，那么，从现在开始，从阅读本书开始，请您尽快建立。

第二章
短线操盘纪律

第一节 短线操盘纪律的重要性

操盘纪律就是职业投资者的铁律，要像保护自己的生命一样坚决捍卫。

在职业投资者的眼里，没有纪律的随意操盘行为无异于自杀！即使赚钱，那也是碰运气，不会长久。随意买卖的操盘行为如果长期养成一种习惯，则像一个吸食鸦片的人一样，久而久之，便会无可救药了。这种人是股市里主力们的最佳下酒菜，属于炮灰级股民。最终必然在股市的滔滔长河中消失于无形。

各位有缘的读者朋友，及有志于在中国股市中长期坚持下去发展的职业股民朋友，从今天开始，请大家一定要建立并制定自己的操盘纪律，并且长期坚持严格遵守操盘纪律。这样发展下去，才会有前途。否则，请早点放弃在股市里发财的梦想。

那么，什么样的操盘纪律最有效？

笔者认为，所有的操盘纪律均要根据自己的工作、生活、习性和投资原则来制定。可能不太科学，但一定要适合自己！相关操盘纪律制定格式如下：

第一，坚守投资原则。

第二，坚守盈利法则。如果做短线操盘，则坚持每次操作赚5%以上考虑止赢，亏损5%左右坚决止损。坚决执行，决不允许有任何借口加以更改。

第三，坚守在每日涨跌幅前20强中精选股的短线法则。

第四，坚守出现明确买进信号才出手的买入法则。

第五，坚守出现滞涨信号坚决卖出的卖出法则。

第六，坚守大涨之后不追涨的操盘法则。

第七，坚守宁少做勿滥做的投资法则。

第八，坚守宁精做勿粗选的选股法则。

第九，坚守不贪婪不幻想的买卖法则。

第十，坚守大涨不喜大跌不惊的平常心法则。

以下几组图例更能说明操盘纪律的重要性，同时，也可以看出不遵守操盘纪律的残酷性。如图例012、013、014、015所示。

【道破短线天机】实战图谱 012

图例 012　宏达高科（002144）日 K 线走势图谱

职业操盘手实训要点：

对照软件，认真观察实战图谱，把它们的走势特点写下来：

（1）空间位置：_____

（2）均线结构：_____

（3）量能结构：_____

（4）形态特征：_____

（5）操盘决策：_____

【道破短线天机】实战图谱013

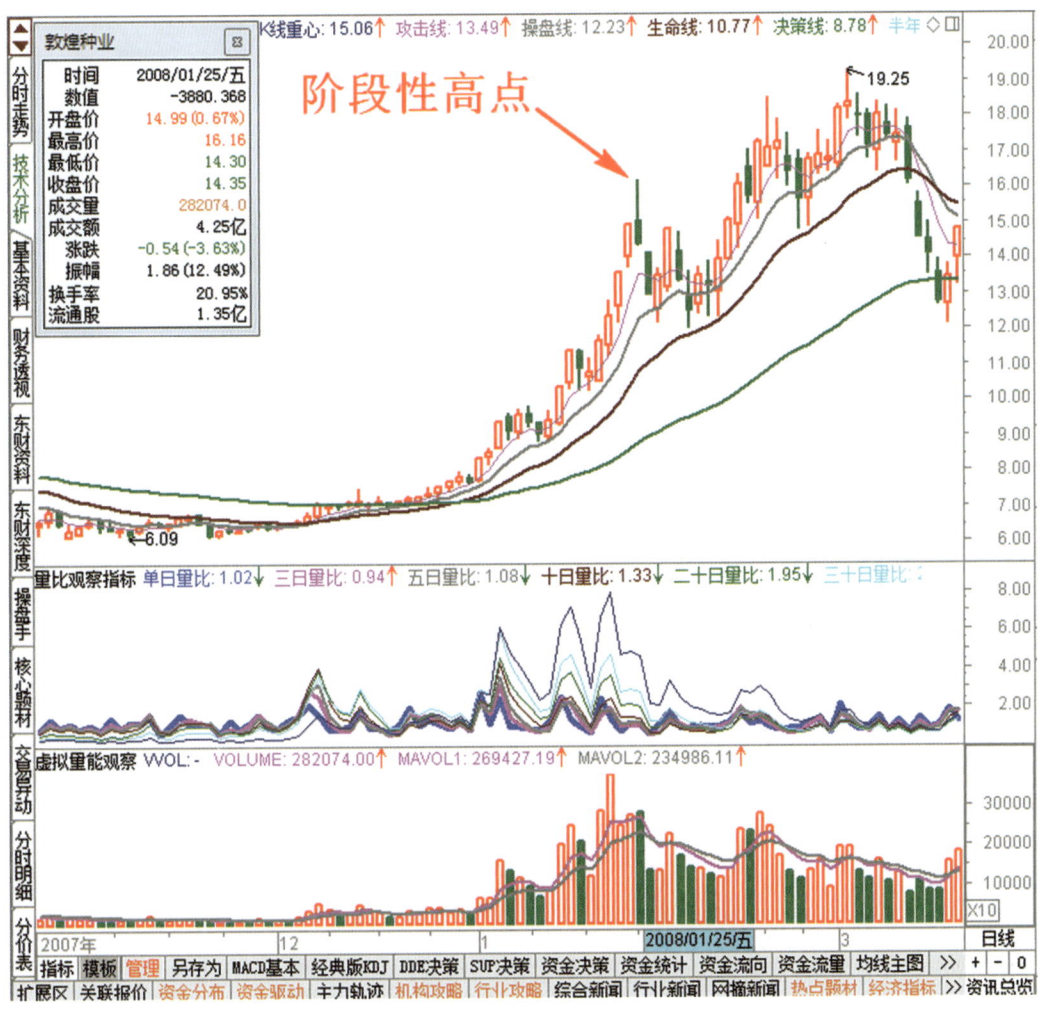

图例013　敦煌种业（600354）日K线走势图谱

职业操盘手实训要点：

对照软件，认真观察实战图谱，把它们的走势特点写下来：

(1) 空间位置：_____

(2) 均线结构：_____

(3) 量能结构：_____

(4) 形态特征：_____

(5) 操盘决策：_____

【道破短线天机】实战图谱014

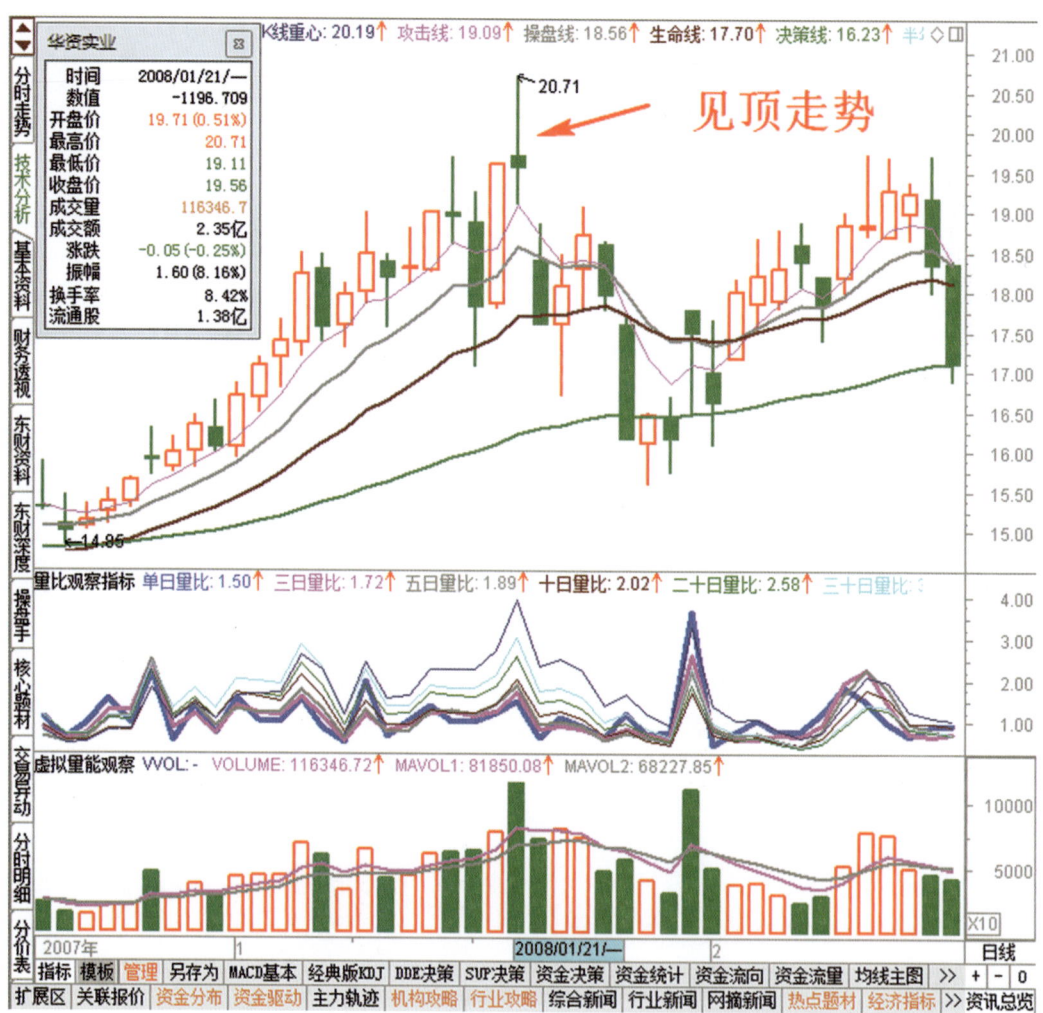

图例014　600191 华资实业（600191）日K线走势图谱

职业操盘手实训要点：

对照软件，认真观察实战图谱，把它们的走势特点写下来：

（1）空间位置：_____

（2）均线结构：_____

（3）量能结构：_____

（4）形态特征：_____

（5）操盘决策：_____

【道破短线天机】实战图谱015

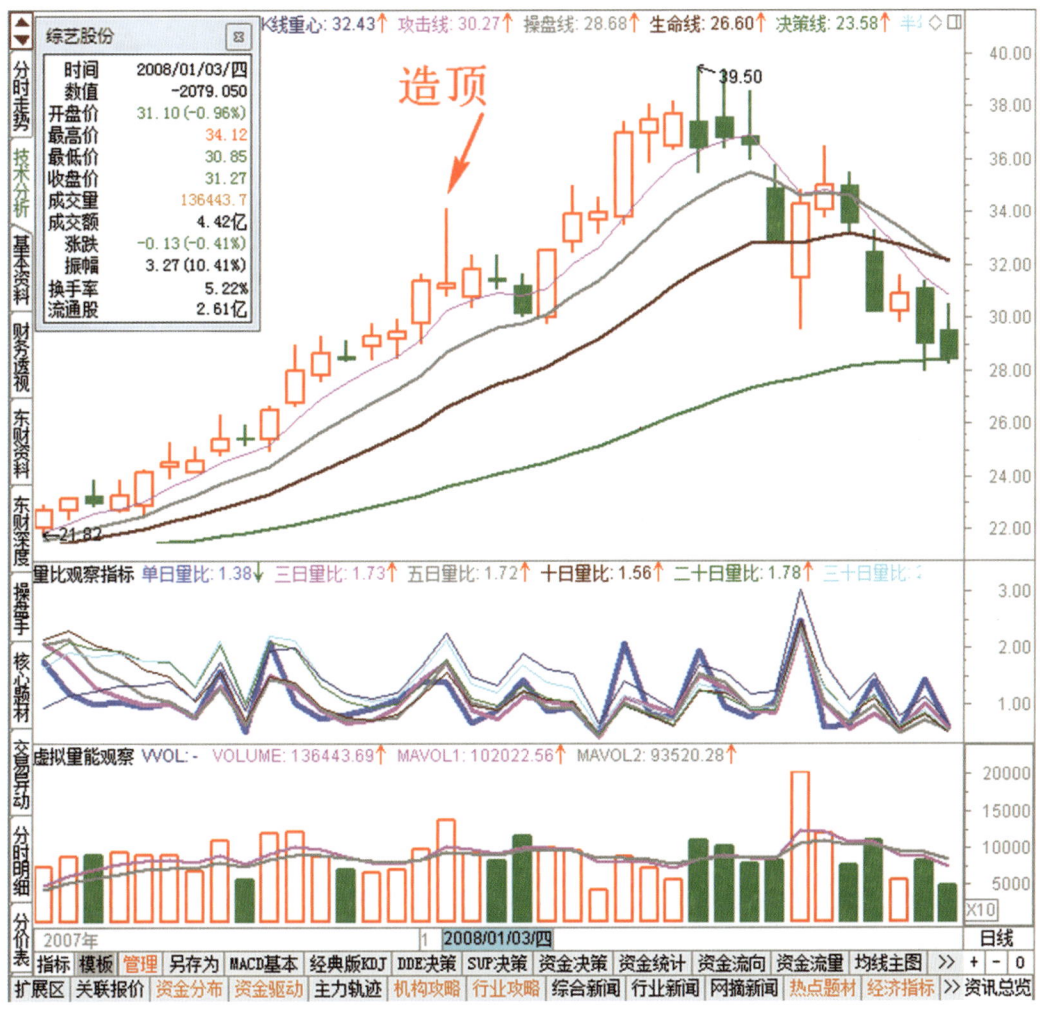

图例015　综艺股份（600770）日K线走势图谱

职业操盘手实训要点：

对照软件，认真观察实战图谱，把它们的走势特点写下来：

（1）空间位置：＿＿＿＿＿＿＿＿＿＿＿＿＿＿＿＿＿＿＿＿＿＿＿＿

（2）均线结构：＿＿＿＿＿＿＿＿＿＿＿＿＿＿＿＿＿＿＿＿＿＿＿＿

（3）量能结构：＿＿＿＿＿＿＿＿＿＿＿＿＿＿＿＿＿＿＿＿＿＿＿＿

（4）形态特征：＿＿＿＿＿＿＿＿＿＿＿＿＿＿＿＿＿＿＿＿＿＿＿＿

（5）操盘决策：＿＿＿＿＿＿＿＿＿＿＿＿＿＿＿＿＿＿＿＿＿＿＿＿

第二节　根据自己的实际制定操盘纪律

大家可以根据上面的格式来制定适合自己的操盘纪律。可以以操作技术来制定，也可以以操盘心态来制定，更可以以投资原则来制定，还可以以资金管理原则来制定。

在本书接下来的第三章《矛盾学说》中，笔者将会重点阐述资金管理与操盘技术的矛盾理论。以便让读者明白"矛式攻击性操盘技术"与"盾式防御性资金管理"两大结构体系对股市职业投资的重要性。

在资本市场里，没有常胜的将军！

我们是人，不是神。所以，也难免会失足，会犯错误。就连股市之神的巴菲特也会失足。1999年，巴菲特非常不看好网络股的神话，认为网络股的业绩是泡沫，于是在全球资本市场大量抛出网络股。结果，网络股从1999年开始至2001年间大涨，甚至创造了数十倍的涨幅，直到2001年年初，网络股的泡沫才开始破裂。

另外，量子基金的掌门人索罗斯于1995—1997年在泰国攻击股市、楼市、期市和汇市大胜，导致东南亚金融危机风暴爆发。之后，1997年，索罗斯率全球对冲基金乘胜攻击香港股市、汇市和股指期货三大市场，与香港金融管理局进行生死对决。结果，没想到中央政府出手相助香港金融管理局，致使索罗斯在香港股市、汇率和股指期货三大市场功败垂成，最终折戟港岛铩羽而归。

英雄更有失足的时候。数年前，名满中国股市纵横中国股市的新疆德隆，传说中人人景仰的私募大鳄，一夜之间，由于资金链条断裂，整个德隆帝国土崩瓦解！

这些传说中的大人物，他们并非没有遵守职业投资者的操盘纪律。相反，他们是败在自己犯了投资大忌，违背了最起码的投资原则。因此，在这里也把他们这些案例列为不遵守纪律的一批重要个案。

很多职业操盘手对自己的操盘技术过分自信，目空一切，也会出大错误。

笔者认识一位广东深圳地区的职业操盘手，在2007年"5·30"的大跌之前重仓了某只所谓的黑马股。当股市暴跌趋势形成时，未及时止损，还在盲目看好未来的行情。结果可想而知，亏损十分严重！股市大跌之前，此君与笔者闲聊市场行情时，笔者分析大盘指数该涨不涨，而电视台、电台、报纸、网络则在天天播报股民开户数。这样下去，市场已经进入疯狂阶段了，必然会引发政策性调控，从而导致股市出现大灾难。事实上，与此君交流之后未出两个交易周，股市行情便在政策调控之下发生逆转。股指连续暴跌，令许多投资者在高位高度套牢。

笔者在本章开篇第一句话就写到：操盘纪律就是职业投资者的铁律，要像保护自己的生命一样坚决捍卫！这绝不是小题大做。这是心里话，也是告诫，更是警钟！

在市场上，最好的风险投资教育不是说"股市有风险，投资须谨慎"这么简单，而是要教育投资者一定要遵守投资原则和操盘纪律。股市里人潮汹涌，皆为利来。如果禁止大家炒股，显然不现实。如果鼓励大家炒股全民炒股，显然也不是件好事。而一个人没有操盘技术、没有投资原则，更不懂什么操盘纪律，这种情况下，你叫他去炒股，实在是无异于叫他去自杀！这绝非危言耸听。

中国股市的目前规模相对于七年前的网络股泡沫时，已经大了 N 倍。目前的市值已经超过了全民生产总值，达到 20 多万亿！这样大的市场规模，一方面说明了市场已经发展壮大，另一方面也说明职业投资者有了更广阔的生存空间。越是在这种市况下，对职业投资者而言，每一天将是直接面对与许多看不见的操盘高手在进行对决。因此，除了对操盘技术有严格性的要求之外，对操盘纪律的铁血捍卫就是职业投资者和神圣使命！

愿阅读本书之后，许多与本书有缘的读者朋友、股民朋友，能够真正重视并正视对操盘纪律的原则性的制定，认真制订，并严格付诸实施。这样，笔者将会欣喜地看到诸位在不断盈利的职业投资道路上成长。这是笔者的衷心祝愿和期冀！

第三章

短线矛盾学说

第一节　矛式攻击体系

在冷兵器时代，矛和盾是一对相互依系又相互对立的冷兵器。矛的主要特征是攻击，而盾的主要特点则是防守。同时，矛是以攻为守，盾则是以守为攻。因此，矛盾是一对攻防兼备的有力武器。

在现代社会的军事管理体系中，基于"矛盾理论"的军事布局和防卫力量建设仍然无处不在。以美国的防务体系为例，美国军队大量发展了"战斧"式巡航导弹、洲际弹道导弹、核武器、攻击型卫星及航空母舰等"矛式攻击性武器装备"。同时，又加强了"爱国者"战略拦截导弹、"宙斯盾"防空雷达、"NMD"导弹拦截体系等各种"盾式防御性武器装备"。美国防务体系可谓在"矛盾军事管理体系"的建设上下足了功夫，军事力量在全球位居首位。

前面讲到，矛和盾既是对立的，又是相互依系的。古人说，自相矛盾，其实一种和谐的自然生态。以子之矛攻子之盾，或者，以子之盾御子之矛。从表面上来看，攻击的双方有攻有守，但是在实际的运用过程中，攻是守的一种方式，守也是攻的一种具体表现。因此，攻，为守抢得先机；而守，为攻赢得条件。

资本市场的角逐，其残酷性不亚于军事斗争。

有人戏称，资本市场是一个看不见硝烟的战场。

这里没有刀光剑影，没有血肉横飞。但却经常有人倾家荡产，家破人亡。

每一次股市的大跌之后，都会听到或见到有人跳楼、卧轨、服毒自杀的报道，令人闻之色变，触目惊心。去年网络上有一首歌流传甚广，歌名叫《死了都不卖》，唱的就是一种描述炒股被套后的调侃。有人戏称中石油是中国最顶级的垃圾股，该股从上市以来的 47 元高位下跌之后，很多投资者均套牢在其中，网络上充斥了对中石油的不满、怨言和发泄。

既然认识到股市的残酷性，因此，就有必要建立自己的投资管理体系，而"矛盾理论"则是最佳最有效的投资管理方式。

笔者在中国股市浸淫 10 余年，尽管在操盘技术上有一定的造诣，但帮助笔者得以成功的，还是长期以来所建立的"矛盾投资理论体系"和"矛盾投资管理体系"。

矛盾投资理论体系的核心架构共分为两个部分两大结构：

第一个结构是：矛式攻击体系

矛式攻击体系主要是以操盘技术为核心，通过对基础投资原则的建立和运用，主动性动态出击买入和卖出信号发生时的黑马，同时，通过发出指令指示操盘手果断买入或卖出目标股票。矛式攻击体系讲究的是明确的信号和果断性攻击。明确的信号包括买入和卖出两种类型。不同的投资原则，有不同的买入和卖出信号。如以短线投资原则为例，买入信号往往依据日K线系统、60分钟、30分钟、15分钟K线系统，甚至盘中即时走势技术系统等。而卖出信号则同样依据这些技术系统所发生的卖出技术特征而展开相应操作。果断性攻击是指当买入和卖出信号已经产生时，必须在动态盘中即时发出攻击指令，操盘手据此进而实施买入和卖出的操盘动作。果断性是指当指令发出时，盘中必须坚决执行而不得犹豫和幻想！

如图例016、017所示。

【道破短线天机】实战图谱016

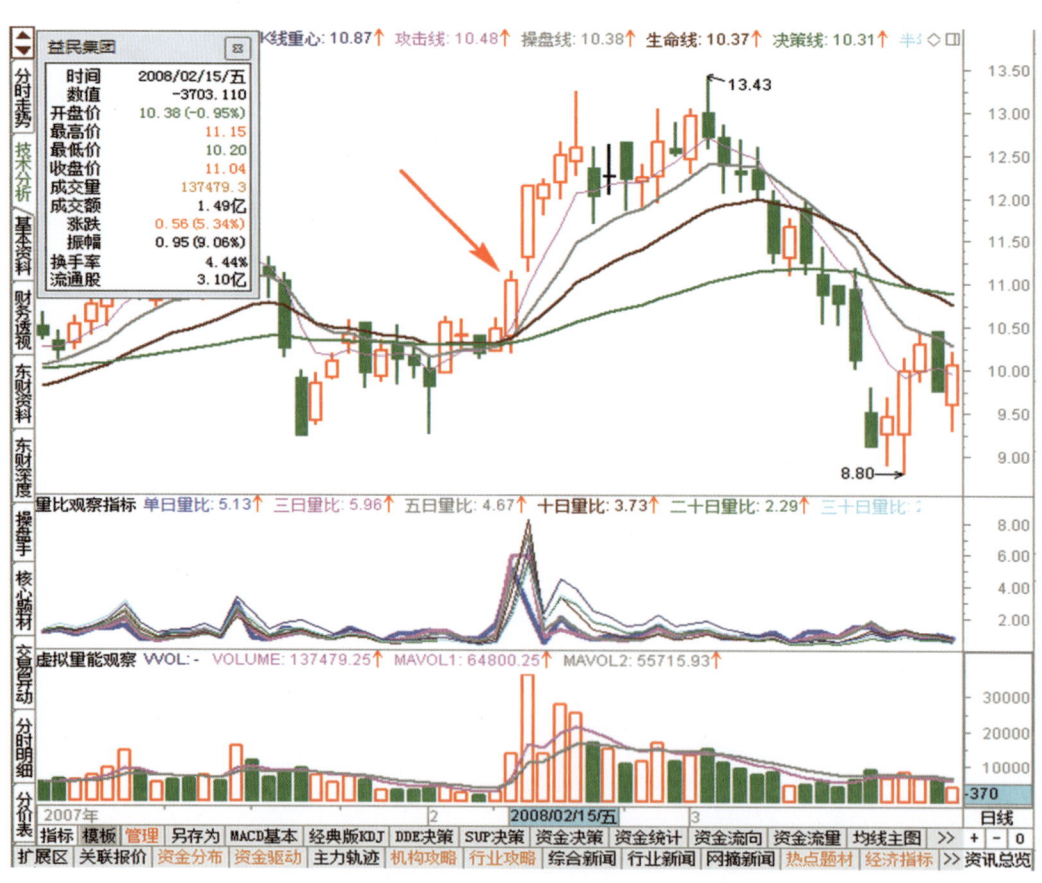

图例016　益民商业（600824）全天即时走势图谱

职业操盘手实训要点：

对照软件，认真观察实战图谱，把它们的走势特点写下来：

（1）空间位置：_____

（2）均线结构：_____

（3）量能结构：_____

（4）形态特征：_____

（5）操盘决策：_____

【道破短线天机】实战图谱017

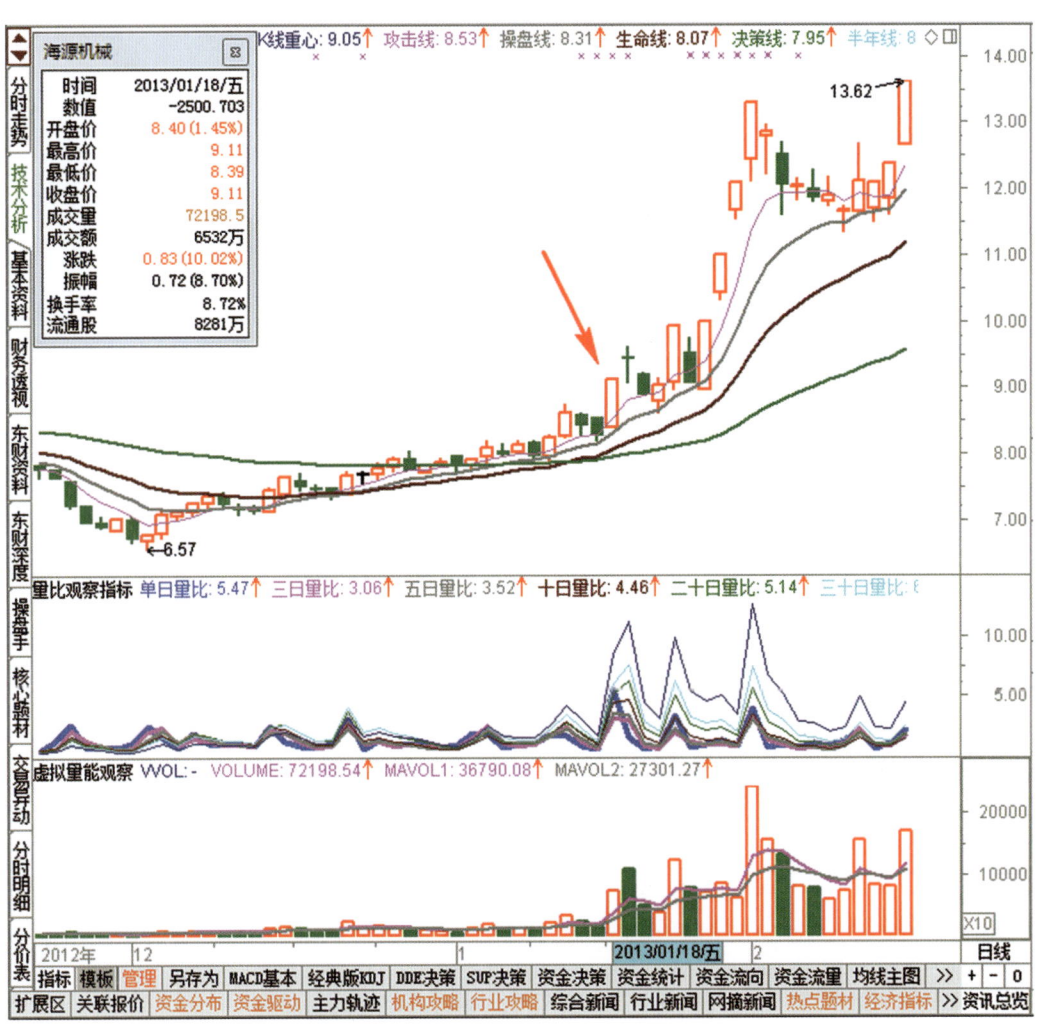

图例017　海源机械（001529）日K线走势图谱

职业操盘手实训要点：

对照软件，认真观察实战图谱，把它们的走势特点写下来：

（1）空间位置：_____

（2）均线结构：_____

（3）量能结构：_____

（4）形态特征：_____

（5）操盘决策：_____

当信号不明确时，临盘便没有果断性的攻击行为。否则，就是随意胡乱的买卖行为。这种行为绝不允许发生，尤其是对职业投资者或职业操盘手而言。

第二节　盾式防御体系

第二个结构是：盾式防御体系

盾式防御体系主要是指以有效资金管理体系为核心，通过对基础投资原则的理解和执行，科学分配资金并合理利用资金，使资金能够得到高效地运用。

盾式防御体系有两大最基础的核心职能，具体如下：

第一是资金的安全性。

资金的安全性是指资金必须在安全、风险系数较低的状态下运行。常规操盘通常分为两种仓位结构，即攻击仓（基础仓）和防御仓（滚动仓）。因此，当攻击指令发生时，操盘手必须根据资金结构实施科学性的仓位优化。

一般情况下，第一级攻击指令发出时，第一仓位建立在股价突破重要阻力位或启动的那一刹那。因此，第一仓位也可称为基础仓。第二攻击指令发出时，第二仓位建立在股价阶段性洗盘回调的重要支撑位，即滚动加仓。如果第一攻击指令发出后，大盘环境发生变化，股价向下回调，跌破第一仓位的成本，则第二攻击指令通常发出在该股回调至重要支撑位时进行补仓，即防御补仓。在这种资金运用管理模式下，我方的资金是处在相对安全的状态下进行操盘的。如图例018、019所示。

【道破短线天机】实战图谱018

图例018　渝三峡（000565）日K线走势图谱

职业操盘手实训要点：

对照软件，认真观察实战图谱，把它们的走势特点写下来：

（1）空间位置：_____

（2）均线结构：_____

（3）量能结构：_____

（4）形态特征：_____

（5）操盘决策：_____

第三章　短线矛盾学说

【道破短线天机】实战图谱019

图例019　苏州固锝（002079）日K线走势图谱

职业操盘手实训要点：

对照软件，认真观察实战图谱，把它们的走势特点写下来：

（1）空间位置：_____

（2）均线结构：_____

（3）量能结构：_____

（4）形态特征：_____

（5）操盘决策：_____

第二是资金的有效性。

资金的有效性是指资金要最大化地利用以实现资金的价值。资金的最大化利用表现在两个方面。其一，资金量在 500 万元以内时，持仓品种保持在 1 只，绝对不能超过 1 只。1000 万元以上级别的资金量，持仓品种不能超过 2 只。那种把鸡蛋不要放在一个篮内的说法是对大资金而言。500 万元以内的小资金绝没有多品种配置的理由。只有专做一个品种项目，才能充分发挥盾式防御体系的作用。如图例 020 所示。

【道破短线天机】实战图谱 020

图例 020　冠农股份（600251）日 K 线走势图谱

职业操盘手实训要点：
对照软件，认真观察实战图谱，把它们的走势特点写下来：
（1）空间位置：_____
（2）均线结构：_____
（3）量能结构：_____

(4) 形态特征：＿＿＿＿＿＿＿＿＿＿＿＿＿＿＿＿＿＿＿＿

(5) 操盘决策：＿＿＿＿＿＿＿＿＿＿＿＿＿＿＿＿＿＿＿＿

其二，资金不能出现闲置。如500万元资金量持仓1只股票时，必须将第一仓位和第二仓位进行合理化分配。一般情况下，第一仓位占资金总量的60%，第二仓位占资金总量的40%。有时候，还会实施第三仓的出击，即机动仓，约占资金总量的10%。

我们来看一下目标股票的资金分配与仓位布局：

第一仓位（攻击仓或基础仓），资金总量占比60%。

第二仓位（防御仓或滚动仓），资金总量占比30%～40%。

第三仓位（机动仓或滚动仓），资金总量占比10%。

【道破短线天机】实战图谱021

图例021 紫鑫药业（002118）日K线走势图谱

职业操盘手实训要点：

对照软件，认真观察实战图谱，把它们的走势特点写下来：

（1）空间位置：_____

（2）均线结构：_____

（3）量能结构：_____

（4）形态特征：_____

（5）操盘决策：_____

通过上面的论述，我们可以清晰地看到，矛盾投资理论体系其实并不矛盾，相反，却是非常和谐科学的投资管理模型。在这个科学的管理模型中，矛式攻击体系和盾式防御体系互为一体，相互依系，形成紧密高效的投资作业流程。

矛盾投资理论体系和矛盾投资管理体系虽是笔者多年股市投资的理论总结，也是资本市场发展所形成投资规律的必然产物。如果要全面论述该理论体系，可能要单独写上几部大作来进行专门的学术研究了。基于本文的篇幅有限，在此不做详细叙述。细心的读者朋友，可以本章的只言片语仔细揣摩，用心体会，必有意外收获。

第四章
股价阶段法则

第一节　关于底部阶段

很多人不知道股价所处在什么阶段，往往有"不识庐山真面目，只缘身在此山中"的感觉。大部分人被套是因为对股价所处的阶段位置没有更真切的认识，这实际上是一种最残酷的事实。就好像你去前线打仗，但不知道自己身处什么境况，结果被消灭了还蒙在鼓里。经过多年在股市的残酷历练，笔者对股价的阶段位置分析和大多数主力机构的操盘法则有了一定的积累和了解，现在以最简单最实用的法则进行总结，请大家务必珍惜用心体会。

所有股票的运行均分为底部、拉升、头部和下跌这四个阶段。股价运行在底部阶段时，会出现主力的建仓动作，因此，底部阶段也包含了主力的"建仓阶段"。股价运行在拉升阶段时，会出现主力在拉升初期、中期和末期这三个阶段的操盘手法，在拉升中期还包含了上升中继平台的操盘阶段。关于股价运行这四个阶段，笔者将在《道破趋势天机》一书中会有详细的分析和解读。在本书中，笔者对这个四介阶段仅作简要介绍，大家只须记住判断股价运行阶段的基本方法即可。

一般情况下，大部分主力机构以 5 天、10 天、20 天、60 天、120、240 天这五条移动平均线为操盘的主要技术指标，也是指导股价和大盘指数运行趋势的重要工具。因此，以移动平均线来界定股价所处的阶段位置是最有效最简单的方法。

关于底部阶段，基本意思如下：

● 当股价从相对低点起步，企稳，起涨，经过一轮拉升，拉升幅度在 30% ~ 60% 之间，股价回落至 20 天均线之上受到支撑而形成阶段性底部，这一阶段可称为短期底部。这是职业操盘手界定底部的主要方法。如图例 022 所示：

【道破短线天机】实战图谱022

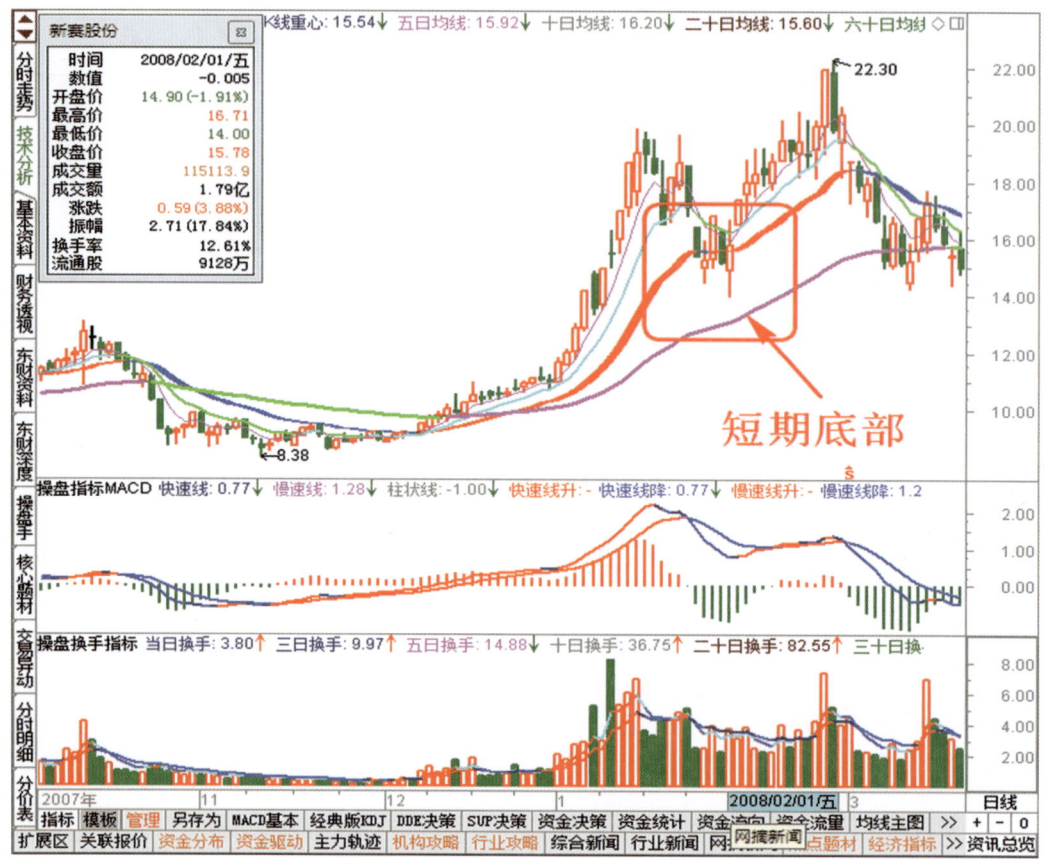

图例022　新赛股份（600540）日K线走势图谱

职业操盘手实训要点：

对照软件，认真观察实战图谱，把它们的走势特点写下来：

（1）空间位置：_____

（2）均线结构：_____

（3）量能结构：_____

（4）形态特征：_____

（5）操盘决策：_____

● 当股价经过一轮快速下跌，跌穿60天均线，股价在120天均线受到支撑，形成一个阶段性低点，并无量运行5～25个交易日，这一阶段也称之为中期底部。如图例023所示：

【道破短线天机】实战图谱 023

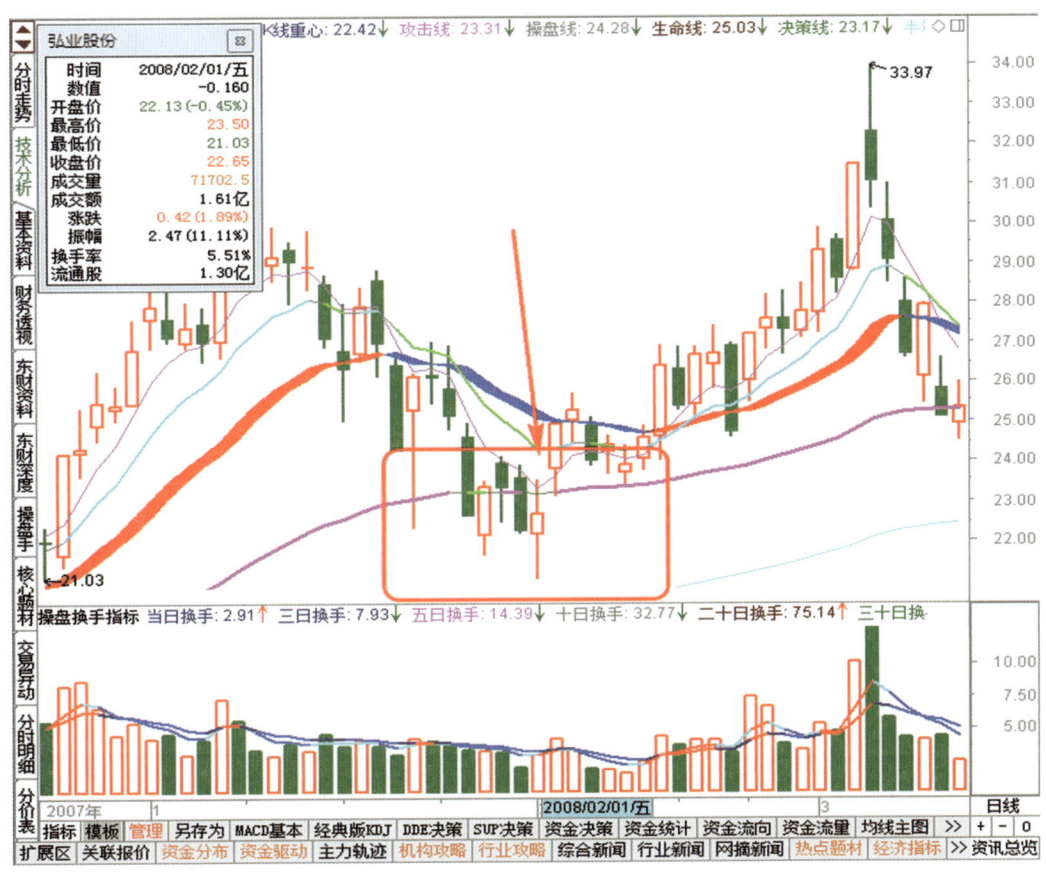

图例 023　弘业股份（600128）日 K 线走势图谱

职业操盘手实训要点：

对照软件，认真观察实战图谱，把它们的走势特点写下来：

（1）空间位置：_____

（2）均线结构：_____

（3）量能结构：_____

（4）形态特征：_____

（5）操盘决策：_____

● 当股价经过一轮大跌，跌穿 120 天均线，股价在 240 天均线受到支撑，形成一个阶段性低点，无量运行 3～5 个交易月，这一阶段也称之为中长期大底。如图例 024 所示：

【道破短线天机】实战图谱024

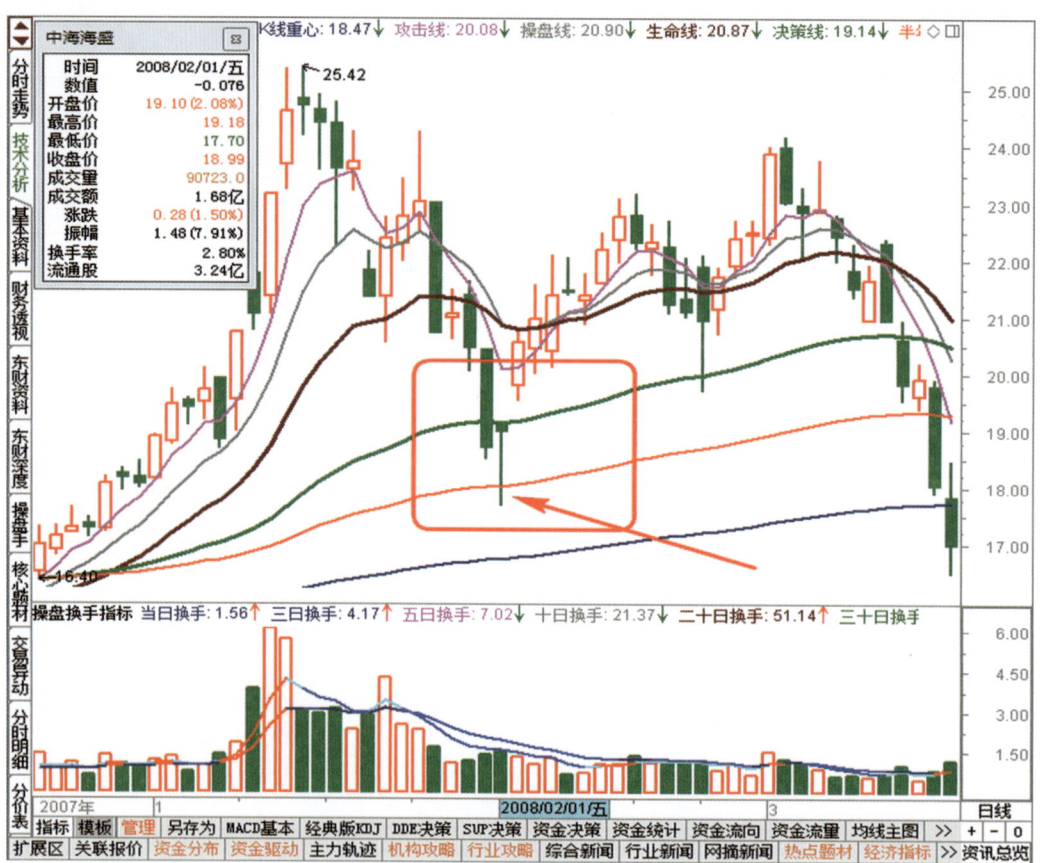

图例024　中海海盛（600896）日K线走势图谱

职业操盘手实训要点：

对照软件，认真观察实战图谱，把它们的走势特点写下来：

（1）空间位置：＿＿＿＿＿＿＿＿＿＿＿＿＿＿＿＿＿＿＿＿＿＿＿＿＿

（2）均线结构：＿＿＿＿＿＿＿＿＿＿＿＿＿＿＿＿＿＿＿＿＿＿＿＿＿

（3）量能结构：＿＿＿＿＿＿＿＿＿＿＿＿＿＿＿＿＿＿＿＿＿＿＿＿＿

（4）形态特征：＿＿＿＿＿＿＿＿＿＿＿＿＿＿＿＿＿＿＿＿＿＿＿＿＿

（5）操盘决策：＿＿＿＿＿＿＿＿＿＿＿＿＿＿＿＿＿＿＿＿＿＿＿＿＿

● 当股价经过一轮大跌，跌穿240天均线，股价在240天均线之下反复盘跌，形成多个阶段性低点，无量运行5～10个交易月，这一阶段将称之为长期大底。如图例025所示：

【道破短线天机】实战图谱 025

图例 025　宁沪高速（600377）日 K 线走势图谱

职业操盘手实训要点：

对照软件，认真观察实战图谱，把它们的走势特点写下来：

（1）空间位置：_____

（2）均线结构：_____

（3）量能结构：_____

（4）形态特征：_____

（5）操盘决策：_____

第二节 关于拉升阶段

关于拉升阶段，基本意思如下：

● 股价在底部创新低后不再下跌，反复震荡形成一个平台。当股价带量突破 20 天均线，并在回落 20 天均线之后受到支撑，此时，通常称为股价拉升的初期阶段。如图例 026 所示：

【道破短线天机】实战图谱 026

图例 026　合肥三洋（600983）日 K 线走势图谱

职业操盘手实训要点：

对照软件，认真观察实战图谱，把它们的走势特点写下来：

（1）空间位置：_____
（2）均线结构：_____
（3）量能结构：_____
（4）形态特征：_____
（5）操盘决策：_____

● 股价继续带量拉升，5 天均线和 10 天均线形成向上的强力攻击态势，并已经上穿 20 天均线，此时，通常称为股价波段拉升的中期阶段。如图例 027 所示：

【道破短线天机】实战图谱 027

图例 027　通威股份（600438）日 K 线走势图谱

职业操盘手实训要点：
对照软件，认真观察实战图谱，把它们的走势特点写下来：
（1）空间位置：_____
（2）均线结构：_____

（3）量能结构：_____

（4）形态特征：_____

（5）操盘决策：_____

● 当股价经过一轮拉升，拉升幅度在50%以上，股价回落至20天与60天均线之上反复震荡，形成一个长达1~3个交易月以上的平台，这一阶段可称为股价上升中继性中期平台。如图例028所示：

【道破短线天机】实战图谱028

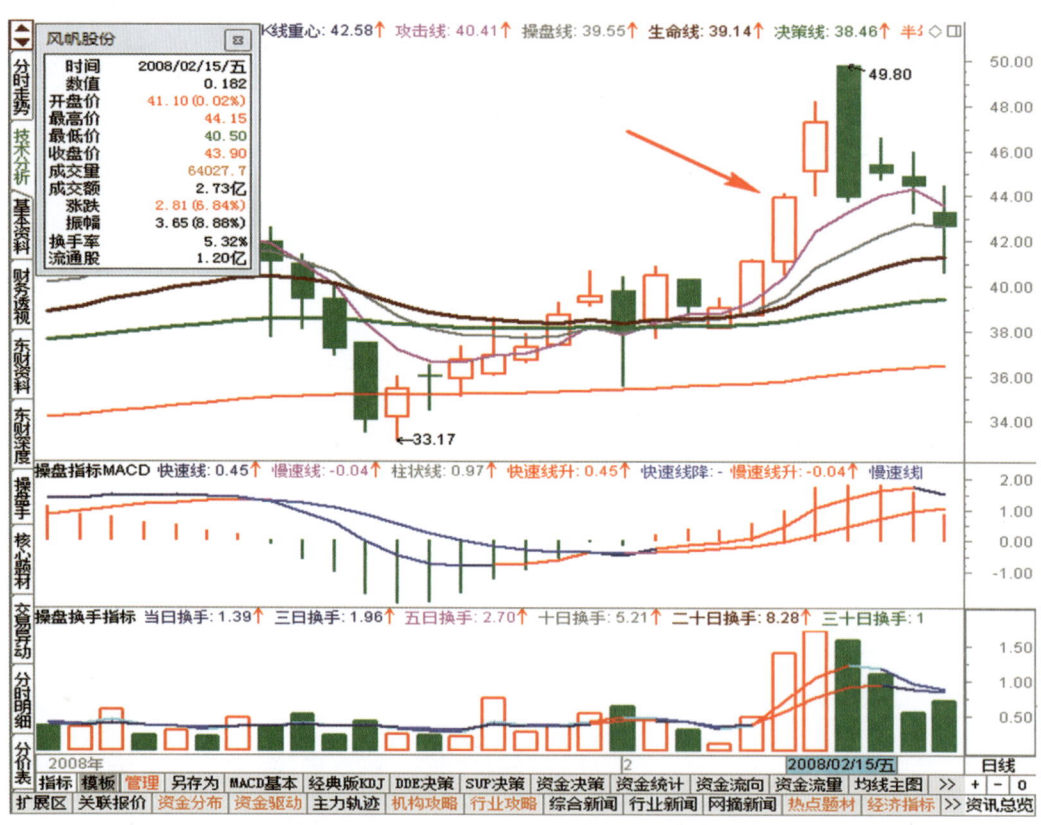

图例028　风帆股份（600482）日K线走势图谱

职业操盘手实训要点：

对照软件，认真观察实战图谱，把它们的走势特点写下来：

（1）空间位置：_____

（2）均线结构：_____

（3）量能结构：_____

（4）形态特征：_____

（5）操盘决策：_____

第三节 关于头部阶段

关于头部阶段，基本意思如下：

● 当股价经过一轮拉升，拉升幅度在 40% 以上，股价反复震荡并放量滞涨，此时，这一阶段将称为中期头部。如图例 029 所示：

【道破短线天机】实战图谱 029

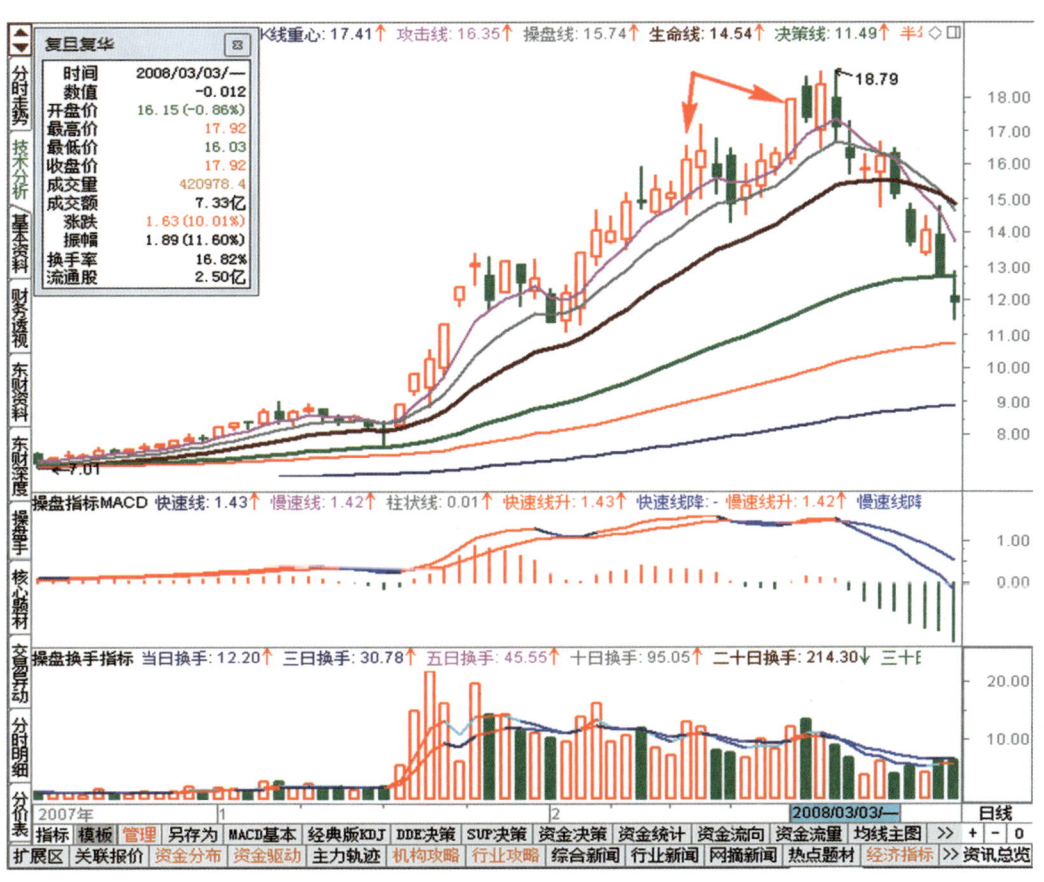

图例 029 复旦复华（600624）日 K 线走势图谱

职业操盘手实训要点：

对照软件，认真观察实战图谱，把它们的走势特点写下来：

（1）空间位置：_____

（2）均线结构：_____

（3）量能结构：_____

（4）形态特征：_____

（5）操盘决策：_____

● 当股价经过反复盘升，盘升已经完成 2～3 个中继波幅，拉升幅度在 100% 以上，股价反复震荡滞涨并出现无规则放量，此时，这一阶段将称为中长期头部。如图例 030 所示：

【道破短线天机】实战图谱 030

图例 030　浙江医药（600216）日 K 线走势图谱

职业操盘手实训要点：

对照软件，认真观察实战图谱，把它们的走势特点写下来：

（1）空间位置：_____

（2）均线结构：_____

（3）量能结构：_____

（4）形态特征：_____

（5）操盘决策：_____

第五章
平均线抓黑马

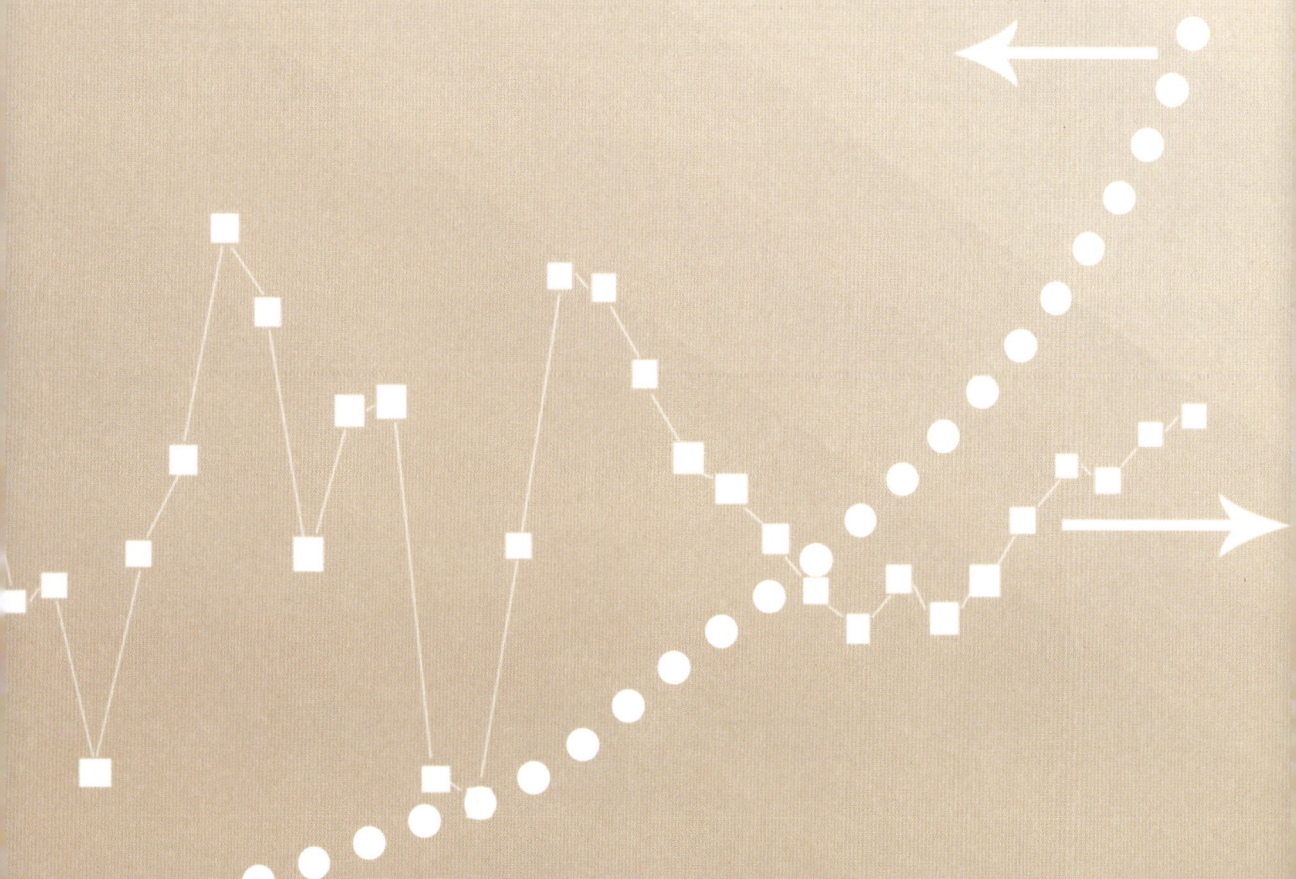

第一节　均线狙击的基本原则

短线狙击黑马四大要素如下：

第一，热点。当天是否有板块热点，如果有，则考虑短线狙击。如果没有，则考虑休息。目标股票是否属于板块热点中的焦点？如果是，可以考虑狙击，如果不是，则考虑休息。

第二，换手。目标股票是否有较高的换手？换手高说明资金进入积极，短线继续攻击惯性强！凡是换手率偏低的品种，都不是短线考虑的品种。

第三，形态。是否符合短线狙击的各种技术形态？这种形态必须是建立在上升趋势之中的，职业操盘手绝对不允许在下跌趋势中轻易出击！这是铁的操盘纪律。

第四，环境。市场环境是否处于多头市况和平衡市况中？大盘环境健康，才考虑短线操作，大盘在暴跌的环境下绝对不允许轻易出击！这是股市生存法则，不容置疑。

移动平均线是所有技术分析系统中最常用最重要也是最经典的技术指标。通常情况下，包括市场所有的主力及中小投资者在内，移动平均线做为一个重要的技术分析工具而被广泛应用。绝大部分主力总是不约而同地利用移动平均线的技术形态来做文章。既然主力也是用移动平均线来操纵目标股票的价格，因此，作为职业投资者和职业操盘手，更要很好地理解和运用这个技术指标系统。

移动平均线的本质是N日内股价的加权平均成本，它的主要特点有以下三个：

其一，股价在N日内的平均成本；

其二，具备阻力和支撑的作用；

其三，指明股价运行趋势，具有助涨和助跌的作用。

常规技术买进和卖出法则基本如下：

（1）当短期均线上穿中期均线，即金叉买入；

（2）当短期均线下穿中期均线，即死叉卖出。

在常规指标系统中，职业操盘手一般用5日、10日、20日和60日这四条移动平均线作为平时操盘的重要指标。根据我们对移动平均线的职业称谓，通常将四条均线冠以以下名称，以指明它们在操盘中的重要意义：

一是攻击线：即5日均线。

攻击线的主要作用是推动股价在短期内形成攻击态势，不断引导股价上涨或下跌。如果攻击线上涨角度陡峭有力（没有弯曲疲软的状态），则说明股价短线爆发力强。反之，则弱。同样，在股价进入下跌阶段时，攻击线也是重要的杀跌武器，如果向下角度陡峭，则杀跌力度极强。攻击线是短线操盘最重要的均线。

二是操盘线：即 10 日均线。

操盘线的主要作用是推动股价在一轮中级波段行情中持续上涨或下跌。如果操盘线上涨角度陡峭有力，则说明股价中期上涨力度强，反之，则弱。同样，在股价进入下跌波段时，操盘线同样可促使股价反复盘跌。

三是生命线：即 20 日均线。

生命线的主要作用是指明股价的中期运行趋势，在一个中期运行趋势中，生命线有极强的支撑和阻力作用。如果生命线上涨角度陡峭有力，则说明股价中期上涨趋势强烈，主力洗盘或调整至此位置可坚决狙击。反之，则趋势较弱，支撑力也将疲软。同样，在股价进入下跌趋势时，生命线同样可压制股价的反弹行为，促使股价持续走弱。

四是决策线：即 60 日均线。

决策线的主要作用是指明股价的中期或中长期反转趋势，指导股价大波段级别运行于既定的趋势之中。当股价放量向上或向下突破决策线时，则说明一轮大级别的反转行情已经启动，临盘应作出相应的操盘决策。股价突破决策线时，一般情况下不会在较短线时间内出现反方向运行，即使是主力作出诱多或诱空动作，至少也会在决策线之上或之下运行 10－25 个交易日左右方可反转。

通过四条均线捕捉短线黑马，几乎十拿九准，具体操盘法则如下：

均线抓黑马之一：底部带量突破

股价经历一轮大幅下跌之后，在中期底部带量向上突破生命线，当日涨幅达 5% 以上，量比 3 倍以上，攻击线上穿操盘线，并形成较大角度的攻击态势。此形态出现时，为典型买进信号。如股价连续放量攻击，一举突破决策线，此为典型中线反转信号，股价回调决策线时是最佳狙击时机。

均线抓黑马之二：平台带量突破

股价在前期经历一轮中级升幅（阶段升幅达到 30%～60% 之间），之后，主力在相对高位将股价形成一个中继型的上升平台。平台整理呈"上升矩形"、"上升楔形"或"上升旗形"。股价在中继平台带量向上突破平台上轨，当日涨幅达 5% 以上，量比 2 倍以上，攻击线上穿操盘线，并形成较大角度的攻击态势。此形态出现时，为典型买进信号。

均线抓黑马之三：上升中继洗盘

股价运行在上升通道中，升幅在 15%～30% 左右，主力反手打压展开洗盘。一般情况下，短线强势主力洗盘在 2～3 个交易日之内完成，中线主力品种会在 5～8

个交易日内完成。股价回调至操盘线受到支撑，量能萎缩，此时，为最佳滚动仓狙击信号。

均线抓黑马之四：中线调整低吸

股价经历前期一轮波段升幅（阶段升幅达到20%～40%之间），之后，主力开始配合大盘的节奏进入中线调整状态。股价击穿操盘线后持续下跌至生命线，量能萎缩。生命线与决策线金叉向上，生命线上升角度平稳。当日股价量比萎缩至1倍以下，并于生命线获得支撑，此时，为最佳中线滚动仓狙击信号。

第二节　均线狙击黑马实战案例

【道破短线天机】实战图谱031

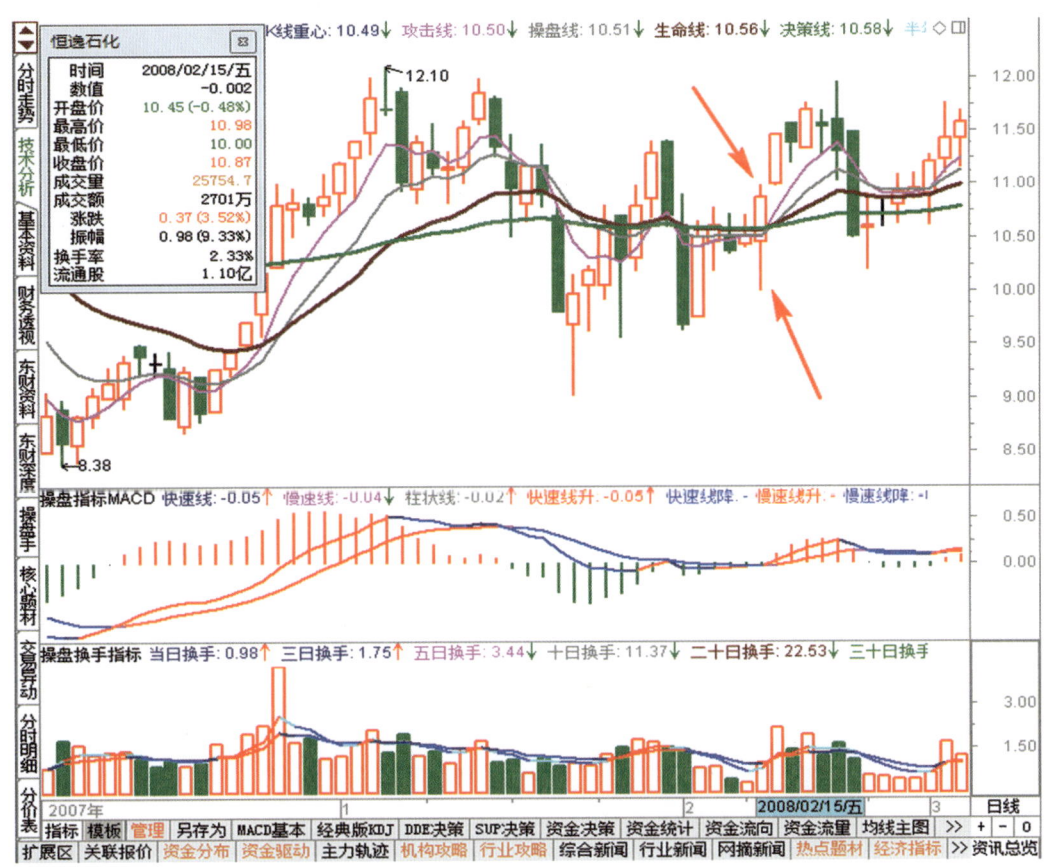

图例031　恒逸石化（000703）日K线走势图谱

短线操盘策略分析：

（一）题材热点：河南省重点培育的七大铝加工集团之一。持股锦江电器，进入军工雷达设备领域。2007年1～12月净利润预增1000%～1200%！

（二）技术形态：股价已经围绕60天均线构筑了中期底部。今日温和放量上涨，并突破20天均线。短线走势强于大盘。60天均线与20天均线金叉，短期均线系统开始向上。

（三）最佳买点：股价盘中放量突破昨收盘价时买进。股价放量突破20天均线回调时买进。第一阻力11.5元，可考虑短线止赢。第二阻力12元，可考虑短线止赢。

（四）风险控制：底部区域风险控制放宽至10%止损。

（五）实战训练：参见实战图谱032所示，短线严格按照技术要领操作。

【道破短线天机】实战图谱032

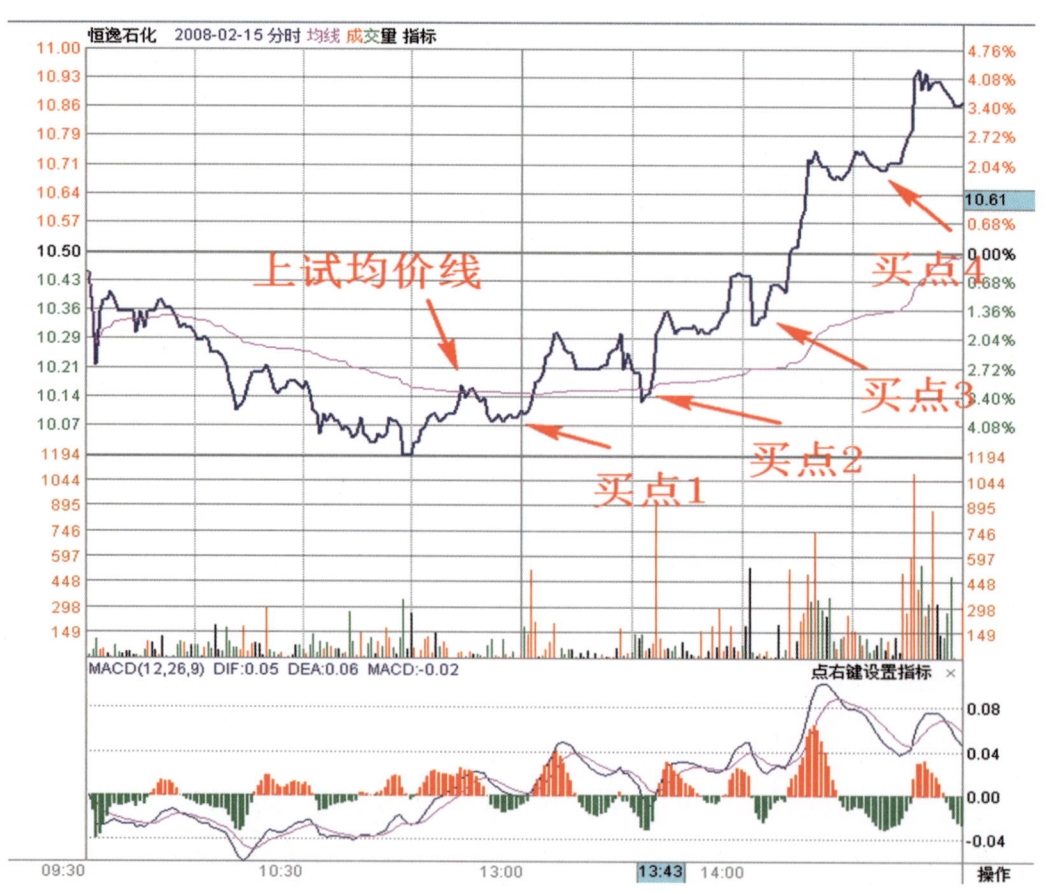

图例032　恒逸石化（000703）盘口走势图谱

职业操盘手实训要点：

对照软件，认真观察实战图谱，把它们的走势特点写下来：

（1）空间位置：＿＿＿＿＿＿＿＿＿＿＿＿＿＿＿＿＿＿＿＿＿＿

（2）均线结构：＿＿＿＿＿＿＿＿＿＿＿＿＿＿＿＿＿＿＿＿＿＿

（3）量能结构：＿＿＿＿＿＿＿＿＿＿＿＿＿＿＿＿＿＿＿＿＿＿

（4）形态特征：＿＿＿＿＿＿＿＿＿＿＿＿＿＿＿＿＿＿＿＿＿＿

（5）操盘决策：＿＿＿＿＿＿＿＿＿＿＿＿＿＿＿＿＿＿＿＿＿＿

【道破短线天机】实战图谱 033

图例 033　华银电力（600744）日 K 线走势图谱

短线操盘策略分析：

（一）题材热点：湖南省最大的发电企业，股权重组后，已经由中国大唐集团控股。参股券商和创投企业，具备创投题材。组建核电项目，进入新能源领域。2007 年度获得政府 1 亿元补贴。

（二）技术形态：股价已经围绕 60 天均线构筑了中期底部。今日温和放量上涨，并突破 30 天均线。短线走势强于大盘。60 天均线与 20 天均线金叉，均线系统已经形成攻击势。

（三）最佳买点：股价盘中放量突破昨收盘价时买进。股价放量突破 20 天均线回调时买进。第一阻力 9 元，可考虑短线止赢。第二阻力 9.25 元，可考虑短线止赢。

（四）风险控制：底部区域风险控制放宽至 10% 止损。

（五）实战训练：参见实战图谱 034 所示，短线严格按照技术要领操作。

【道破短线天机】实战图谱 034

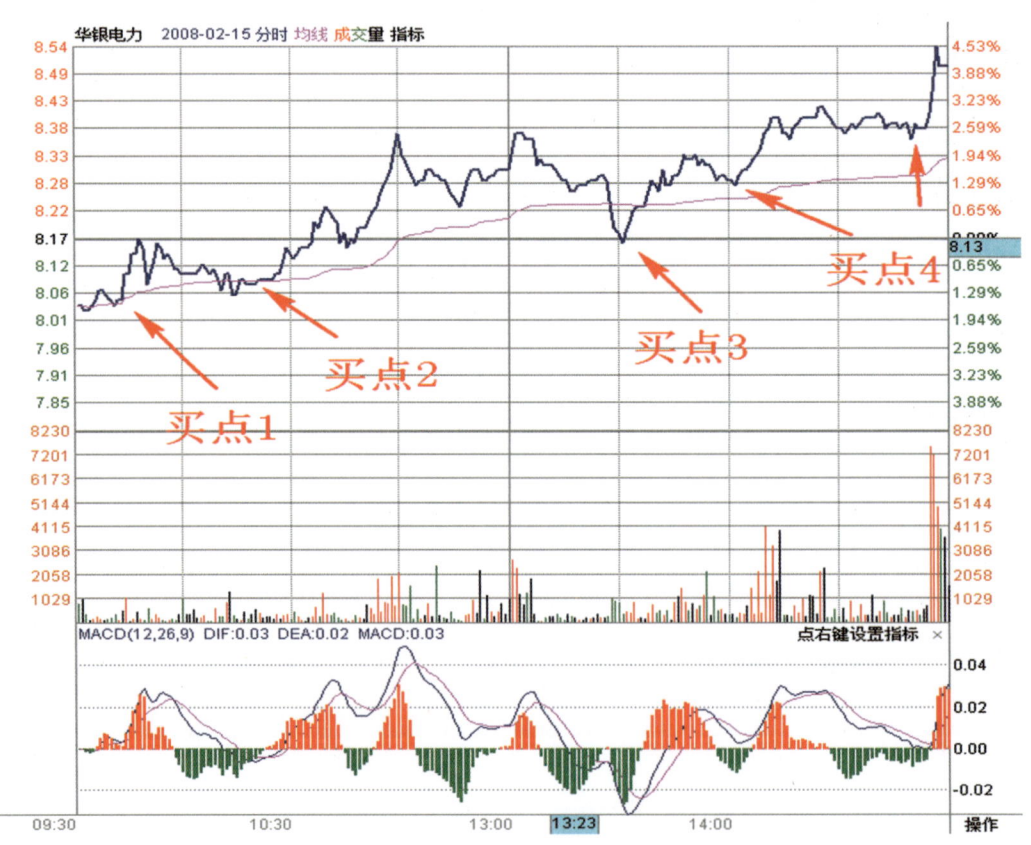

图例 034　华银电力（600744）盘口走势图谱

职业操盘手实训要点：

对照软件，认真观察实战图谱，把它们的走势特点写下来：

（1）空间位置：＿＿＿＿＿＿＿＿＿＿＿＿＿＿＿＿＿＿＿＿＿＿＿＿＿＿＿

（2）均线结构：_____
（3）量能结构：_____
（4）形态特征：_____
（5）操盘决策：_____

【道破短线天机】实战图谱035

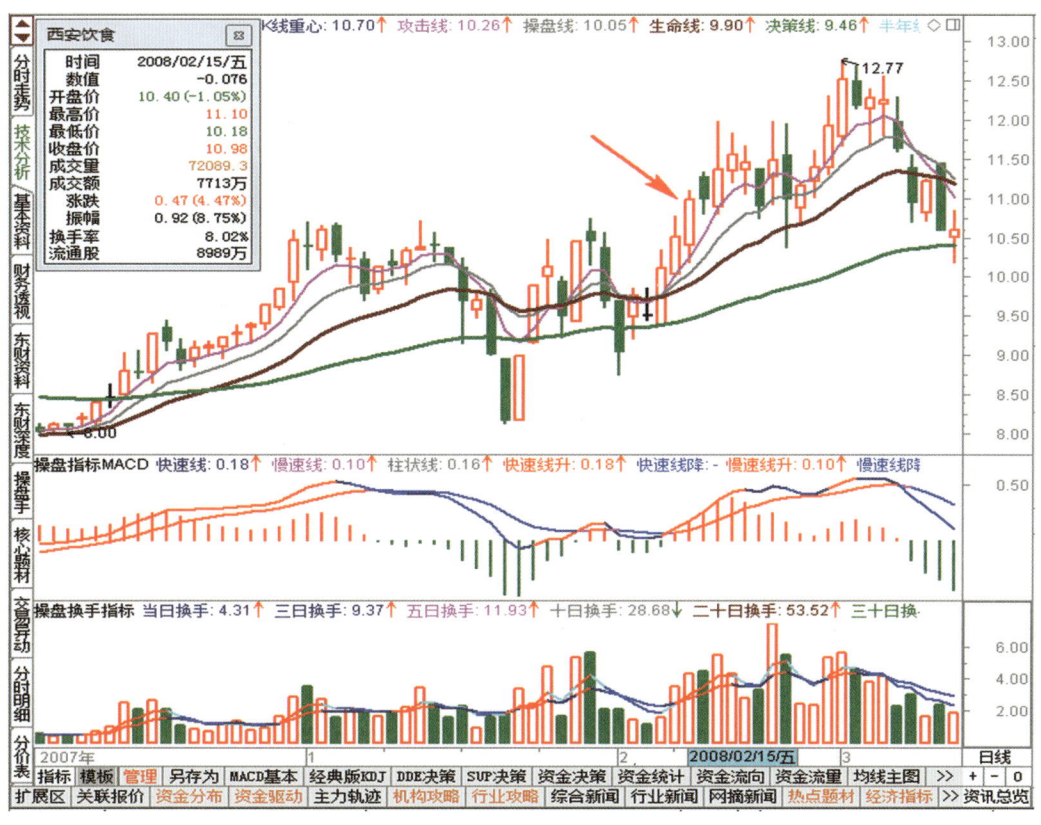

图例035　西安饮食（000721）日K线走势图谱

短线操盘策略分析：

（一）题材热点：西北地区最大的饮食企业，隶属西旅集团。低价重组概念，传闻海南航空收购公司股权。

（二）技术形态：股价两次测试60天均线支撑，并已经成功构筑中期底部。股价已经企稳20天均线。短线走势强于大盘。今日继续放量攻击，短期均线系统全部金叉向上。

（三）最佳买点：股价早盘回调5天均线时买进。股价放量突破昨日收盘价时买进。第一阻力 12 元附近，可考虑短线止赢。第二阻力 13 元附近，可考虑短线止赢。

（四）风险控制：底部区域风险控制放宽至 10% 止损。

（五）实战训练：参见实战图谱 036 所示，短线严格按照技术要领操作。

【道破短线天机】实战图谱 036

图例 036　西安饮食（000721）盘口线走势图谱

职业操盘手实训要点：

对照软件，认真观察实战图谱，把它们的走势特点写下来：

（1）空间位置：＿＿＿＿＿＿＿＿＿＿＿＿＿＿＿＿＿＿＿

（2）均线结构：＿＿＿＿＿＿＿＿＿＿＿＿＿＿＿＿＿＿＿

（3）量能结构：＿＿＿＿＿＿＿＿＿＿＿＿＿＿＿＿＿＿＿

（4）形态特征：＿＿＿＿＿＿＿＿＿＿＿＿＿＿＿＿＿＿＿

（5）操盘决策：＿＿＿＿＿＿＿＿＿＿＿＿＿＿＿＿＿＿＿

【道破短线天机】实战图谱 037

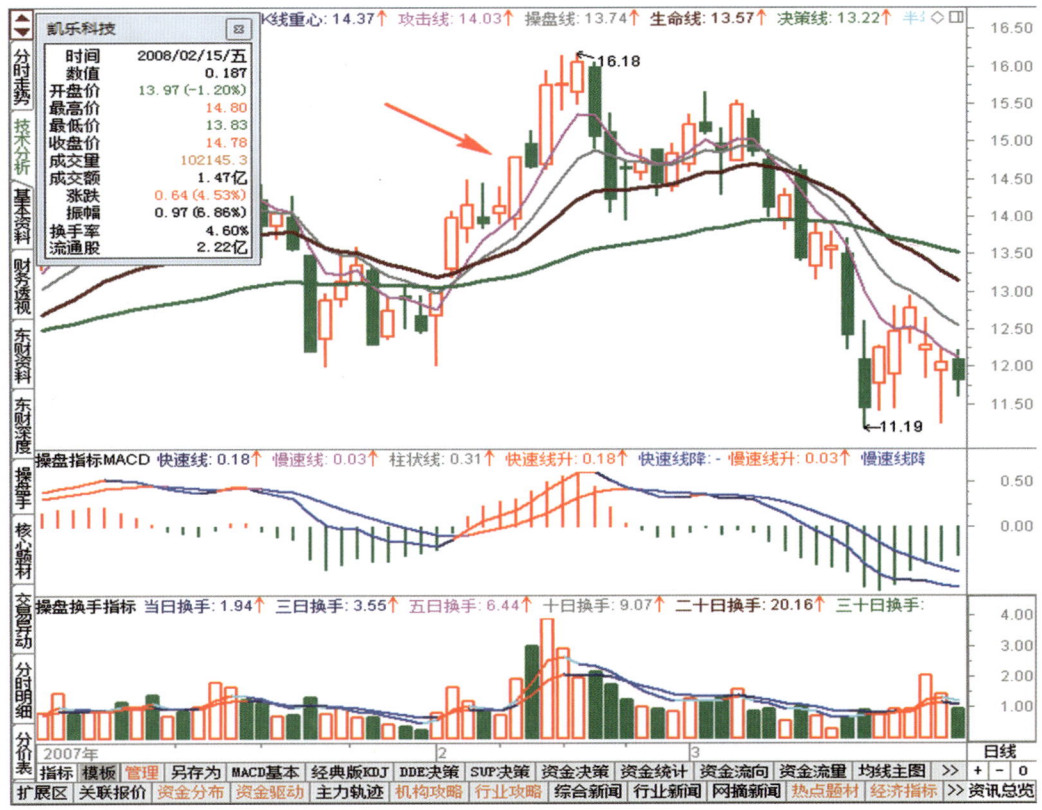

图例 037　凯乐科技（600260）日 K 线走势图谱

短线操盘策略分析：

（一）题材热点：国内最大的硅芯管生产企业，受惠 3G 通信业务。投资 2000 万元参股长江证券。

（二）技术形态：股价已经突破 20 天均线并成功企稳。股价已经形成明显的上升通道。中线走势强于大盘。60 天均线与 20 天均线金叉向上，短期均线系统全部形成攻击势。

（三）最佳买点：股价盘中放量突破昨收盘价时买进。股价回调 5 天均线不下破时买进。第一阻力 16 元，可考虑短线止赢。如果继续上攻第二阻力 20 元，可考虑中线止赢。

（四）风险控制：底部区域，风险控制放宽至 10% 止损。

（五）实战训练：参见实战图谱 038 所示，短线严格按照技术要领操作。

【道破短线天机】实战图谱 038

图例 038　凯乐科技（600260）盘口走势图谱

职业操盘手实训要点：

对照软件，认真观察实战图谱，把它们的走势特点写下来：

(1) 空间位置：_____

(2) 均线结构：_____

(3) 量能结构：_____

(4) 形态特征：_____

(5) 操盘决策：_____

【道破短线天机】 实战图谱039

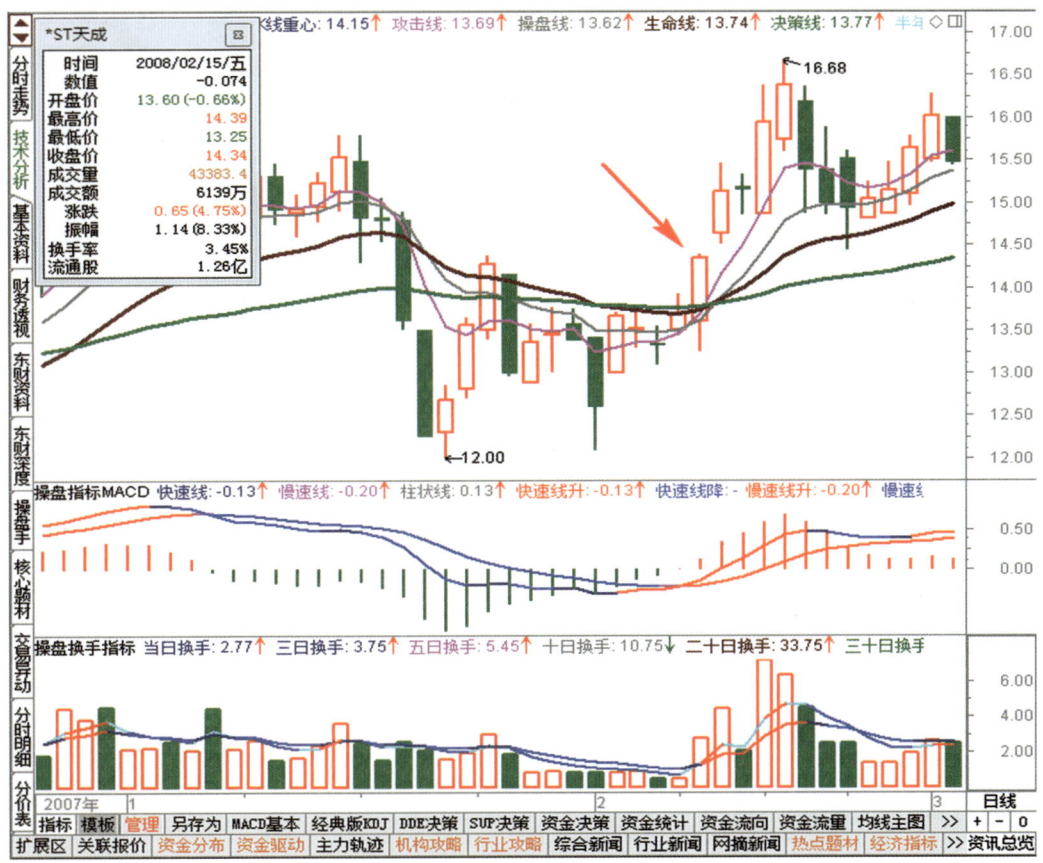

图例039 太工天成（600392）日K线走势图谱

短线操盘策略分析：

（一）题材热点：太原理工大学下属企业，高校概念。收购发鑫集团，进军天燃气和煤化工领域。

（二）技术形态：股价已经明显企稳60天均线，并成功构筑了中期底部。今日放量上涨，并突破20天均线。短线走势强于大盘。60天均线与20天均线金叉，短期均线系统开始向上。属于典型的起涨点，看高一线。

（三）最佳买点：股价盘中放量突破昨收盘价时买进。股价放量突破20天均线回调时买进。第一阻力15.8元，可考虑短线止赢。第二阻力20元，可考虑中线止赢。

（四）风险控制：底部区域风险控制放宽至10%止损。

（五）实战训练：参见实战图谱 040 所示，短线严格按照技术要领操作。

【道破短线天机】实战图谱 040

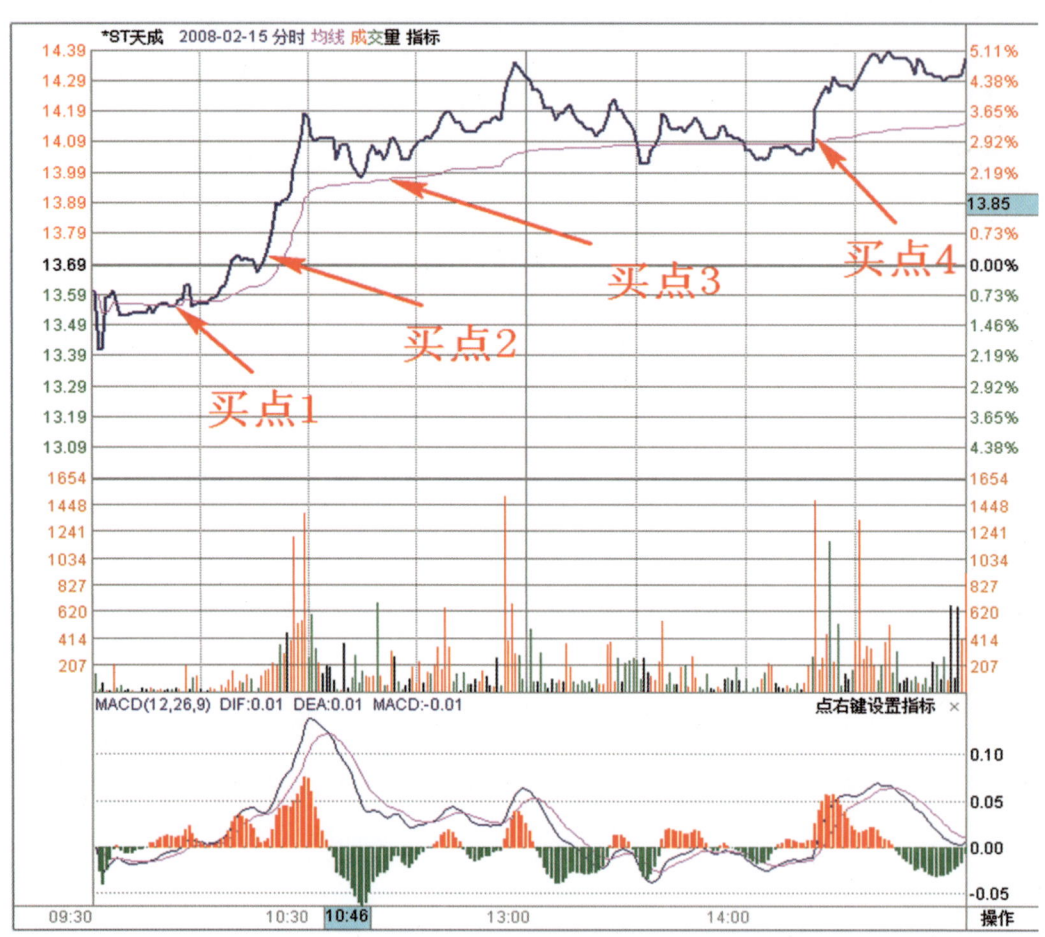

图例 40　太工天成（600392）盘口走势图谱

职业操盘手实训要点：

对照软件，认真观察实战图谱，把它们的走势特点写下来：

（1）空间位置：_____

（2）均线结构：_____

（3）量能结构：_____

（4）形态特征：_____

（5）操盘决策：_____

【道破短线天机】实战图谱041

图例041　益民集团（600824）日K线走势图谱

短线操盘策略分析：

（一）题材热点：上海市商业龙头企业之一，拥有众多知名品牌。拥有大量商业地产，估值潜力巨大。世博会受惠概念。

（二）技术形态：股价已经明显企稳60天均线，并成功构筑了中期底部。今日放巨量上涨，并突破30天均线。短线走势强于大盘。60天均线与20天均线金叉，短期均线系统攻击向上。这是典型的短线狙击点，值得牢记的短线操盘定式。

（三）最佳买点：股价盘中放量突破昨收盘价时买进。股价放量突破20天均线回调时买进。第一阻力13元，可考虑短线止赢。第二阻力15元，可考虑中线止赢。

（四）风险控制：底部区域风险控制放宽至10%止损。

（五）实战训练：参见实战图谱042所示，短线严格按照技术要领操作。

【道破短线天机】实战图谱042

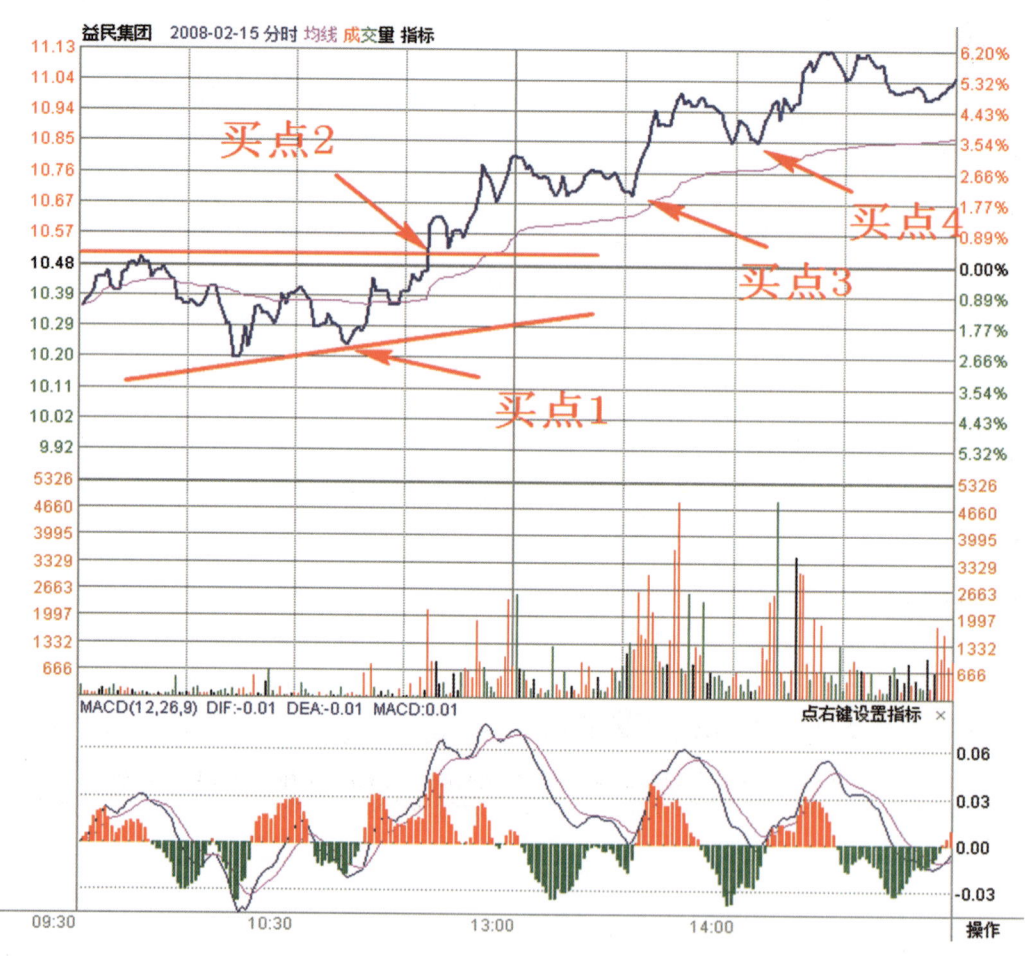

图例042　益民集团（600824）盘口走势图谱

职业操盘手实训要点：

对照软件，认真观察实战图谱，把它们的走势特点写下来：

（1）空间位置：_____

（2）均线结构：_____

（3）量能结构：_____

（4）形态特征：_____

（5）操盘决策：_____

【道破短线天机】 实战图谱043

图例043　新海宜（002089）日K线走势图谱

短线操盘策略分析：

（一）题材热点：苏州市光纤通信产品高新企业，具备3G题材。参股创投公司，具备创投题材。

（二）技术形态：股价已经明显企稳60天均线，并成功构筑了中期底部。今日温和放量上涨，并突破30天均线。短线走势强于大盘。60天均线与20天均线金叉，5天和10天均线系统金叉攻击向上。

（三）最佳买点：股价盘中放量突破昨收盘价时买进。股价放量突破20天均线回调时买进。第一阻力18元，可考虑短线止赢。第二阻力21元，可考虑中线止赢。

（四）风险控制：底部区域风险控制放宽至10%止损。

（五）实战训练：参见实战图谱044所示，短线严格按照技术要领操作。

【道破短线天机】 实战图谱044

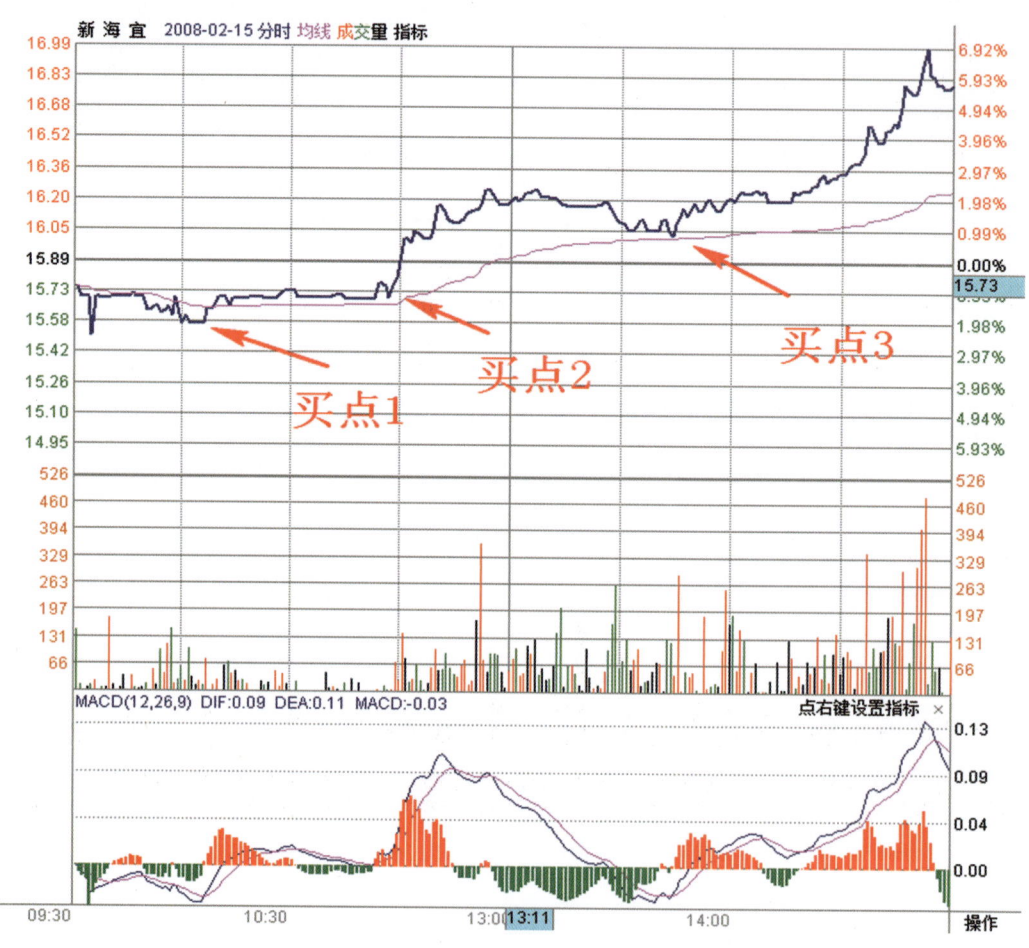

图例044　新海宜（002089）盘口走势图谱

职业操盘手实训要点：

对照软件，认真观察实战图谱，把它们的走势特点写下来：

（1）空间位置：_____

（2）均线结构：_____

（3）量能结构：_____

（4）形态特征：_____

（5）操盘决策：_____

【道破短线天机】实战图谱045

图例045 三维通信（002115）日K线走势图谱

短线操盘策略分析：

（一）题材热点：IT软件外包业务，与世界知名IT企业合作。与中国电信、中国联通进行通信业务合作，业绩增长潜力巨大。

（二）技术形态：股价在20天均线形成上升中继平台。今日放巨量上涨，并突破平台上轨。短线走势强于大盘。5天和10天均线系统金叉攻击向上。

（三）最佳买点：股价盘中放量突破28元平台中轴价时买进。次日股价回调平台上轨时买进。预计短线阻力位31元，可考虑短线止赢。

（四）风险控制：底部区域风险控制放宽至10%止损。

（五）实战训练：参见实战图谱046所示，短线严格按照技术要领操作。

【道破短线天机】实战图谱046

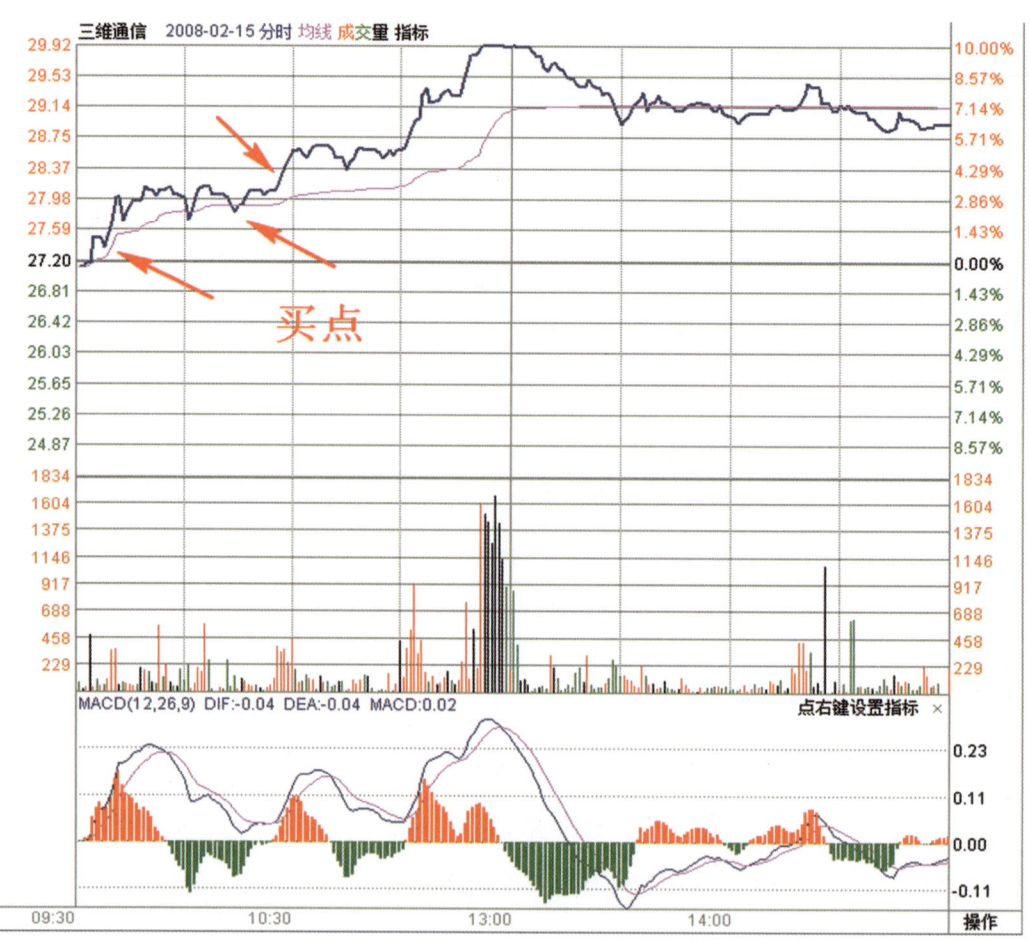

图例046 三维通信（002115）盘口走势图谱

职业操盘手实训要点：

对照软件，认真观察实战图谱，把它们的走势特点写下来：

（1）空间位置：_____

（2）均线结构：_____

（3）量能结构：_____

（4）形态特征：_____

（5）操盘决策：_____

【道破短线天机】实战图谱047

图例047　东阳光铝（600673）日K线走势图谱

短线操盘策略分析：

（一）题材热点：进军电子铝材料行业。2007年度经营业绩预增。

（二）技术形态：股价跌穿60天均线展开反弹，与12月份的低点形成大双底结构。今日温和放量上涨，并突破60天和20天均线。短线走势强于大盘。5天和10天均线系统金叉攻击向上。

（三）最佳买点：股价盘中放量突破60天均线时买进。盘中突破20天均线时买进。

（四）风险控制：底部区域风险控制放宽至10%止损。

（五）实战训练：参见实战图谱048所示，短线严格按照技术要领操作。

【道破短线天机】实战图谱048

图例048　东阳光铝（600673）盘口走势图谱

职业操盘手实训要点：

对照软件，认真观察实战图谱，把它们的走势特点写下来：

（1）空间位置：_____

（2）均线结构：_____

（3）量能结构：_____

（4）形态特征：_____

（5）操盘决策：_____

【道破短线天机】实战图谱 049

图例 049　天康生物（002100）日 K 线走势图谱

短线操盘策略分析：

（一）题材热点：我国兽药行业前三强，控股股东为新疆建设兵团。业绩增长潜力较大。

（二）技术形态：股价已经向上突破 20 天均线，中期底部特征明显。今日放量上涨，短线走势强于大盘。5 天和 10 天均线系统金叉攻击向上。

（三）最佳买点：股价盘中放量突破 20 天均线时买进。盘中回调均价线时买进。第一阻力 25 元，可考虑短线止赢。第二阻力 30 元，可考虑中线止赢。

（四）风险控制：底部区域风险控制放宽至 10% 止损。

（五）实战训练：参见实战图谱 050 所示，短线严格按照技术要领操作。

【道破短线天机】 实战图谱050

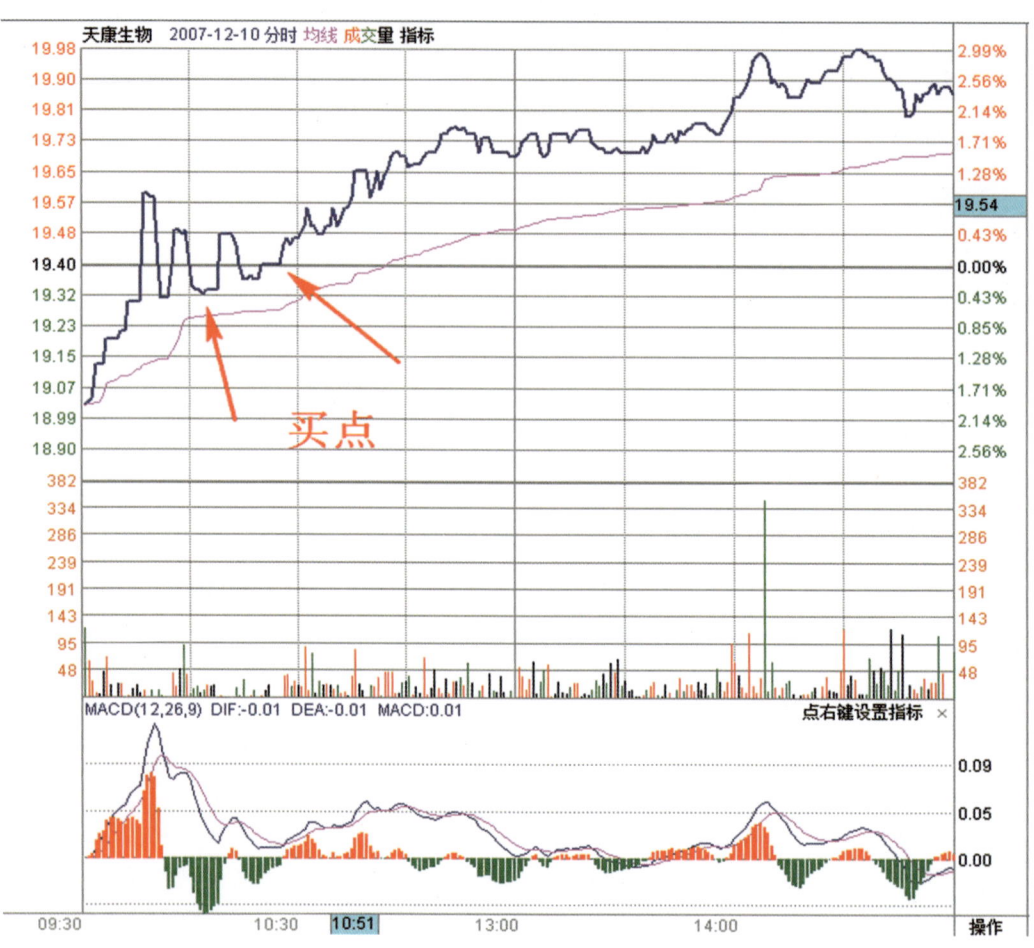

图例050　天康生物（002100）盘口走势图谱

职业操盘手实训要点：

对照软件，认真观察实战图谱，把它们的走势特点写下来：

（1）空间位置：_____

（2）均线结构：_____

（3）量能结构：_____

（4）形态特征：_____

（5）操盘决策：_____

【道破短线天机】实战图谱051

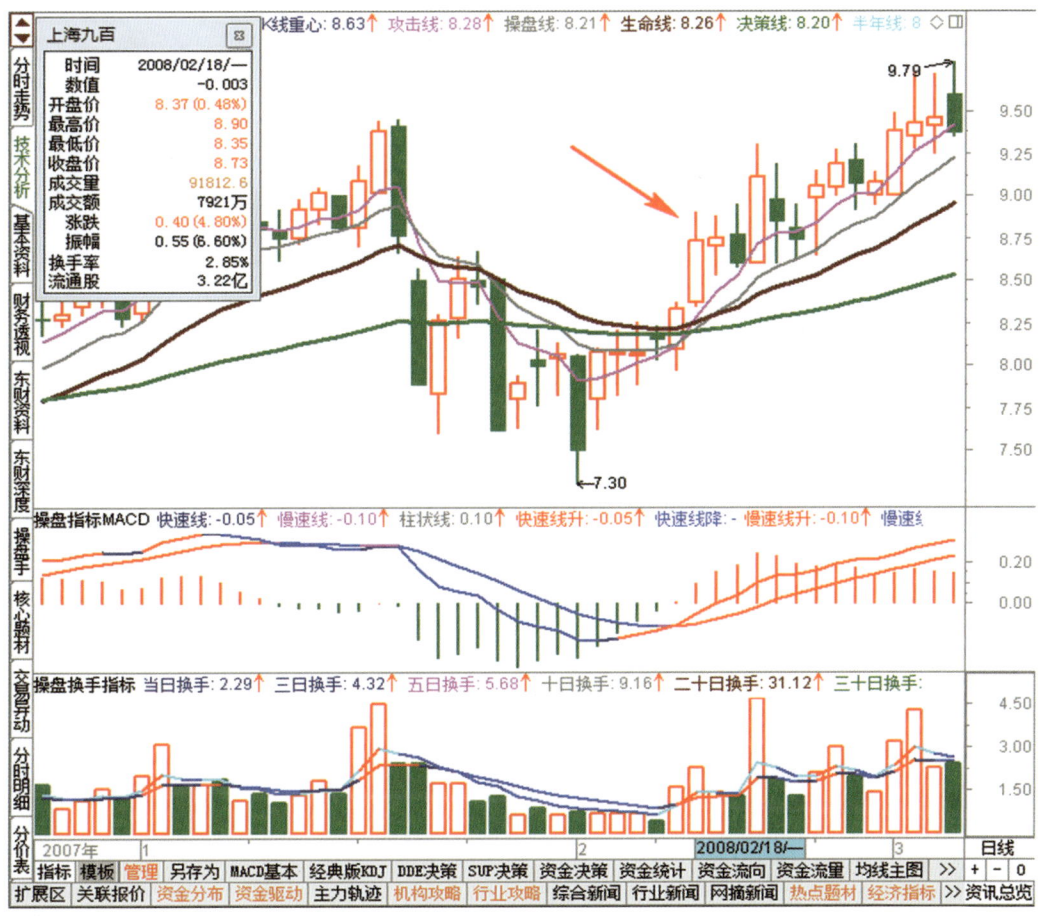

图例051　上海九百（600838）日K线走势图谱

短线操盘策略分析：

（一）题材热点：参股券商，持有东方证券公司2559.69万股。上海知名商业连锁企业，受惠世博会。商业地产增值潜力巨大。

（二）技术形态：股价在60天均线反复企稳，并已经形成中期底部。今日再次放量上涨，并突破20天均线。短线走势强于大盘。5天和10天均线系统金叉攻击向上。

（三）最佳买点：股价盘中放量突破20天均线时买进。次日股价回调20天均线时再买进加仓。第一阻力9.5元，可考虑短线止赢。第二阻力11元，可考虑中线止赢。

（四）风险控制：底部区域风险控制放宽至 10% 止损。

（五）实战训练：参见实战图谱 052 所示，短线严格按照技术要领操作。

【道破短线天机】实战图谱 052

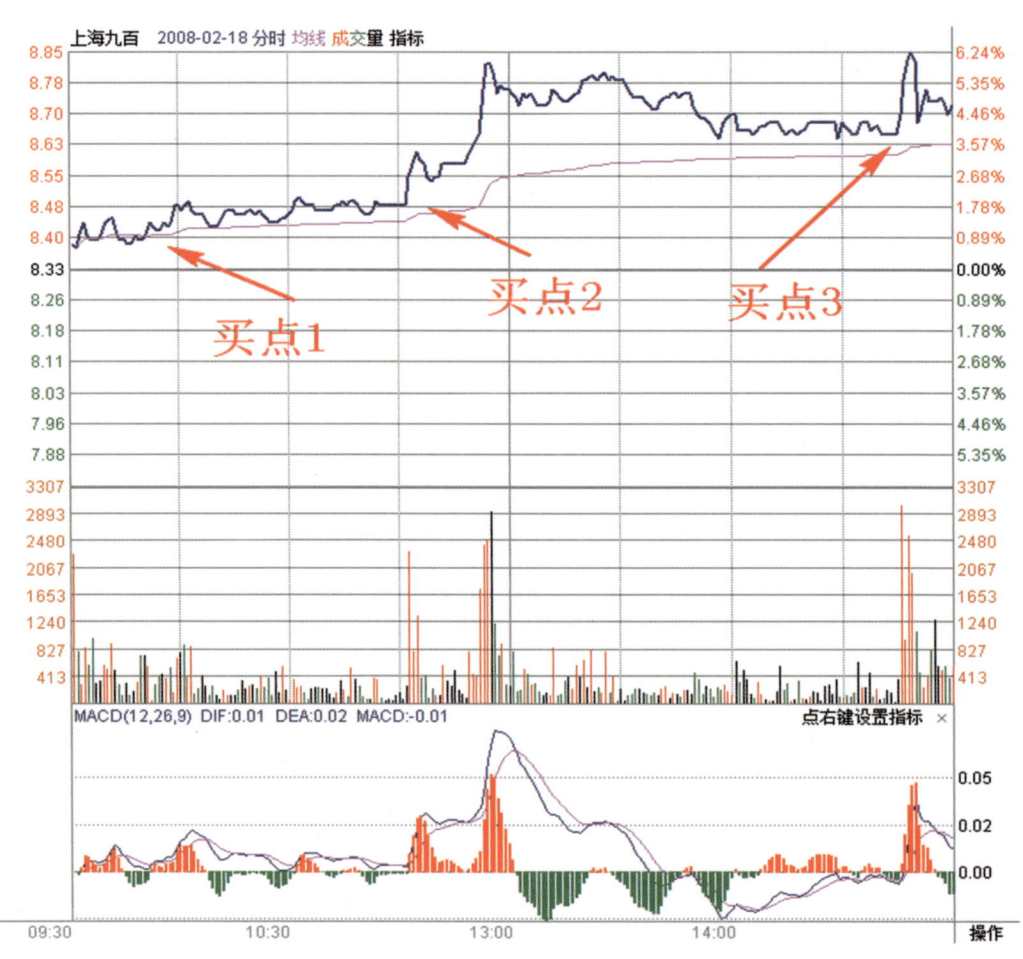

图例 052　上海九百（600838）盘口走势图谱

职业操盘手实训要点：

对照软件，认真观察实战图谱，把它们的走势特点写下来：

（1）空间位置：_____

（2）均线结构：_____

（3）量能结构：_____

（4）形态特征：_____

（5）操盘决策：_____

【道破短线天机】实战图谱 053

图例 053　长电科技（600584）日 K 线走势图谱

短线操盘策略分析：

（一）题材热点：中国 IC 封装领域龙头企业。2007 年度业绩预增长。

（二）技术形态：股价跌穿 60 天均线后反复震荡形成中期底部。今日再次放量上涨，并突破 60 天均线。短线走势强于大盘。5 天和 10 天均线系统金叉攻击向上。

（三）最佳买点：股价盘中放量突破 60 天均线时买进。次日股价回调 60 天均线时再买进加仓。第一阻力 18 元附近，可考虑短线止赢。第二阻力 19 元附近，可考虑中线止赢。

（四）风险控制：底部区域风险控制放宽至 10% 止损。

（五）实战训练：参见实战图谱 054 所示，短线严格按照技术要领操作。

【道破短线天机】实战图谱054

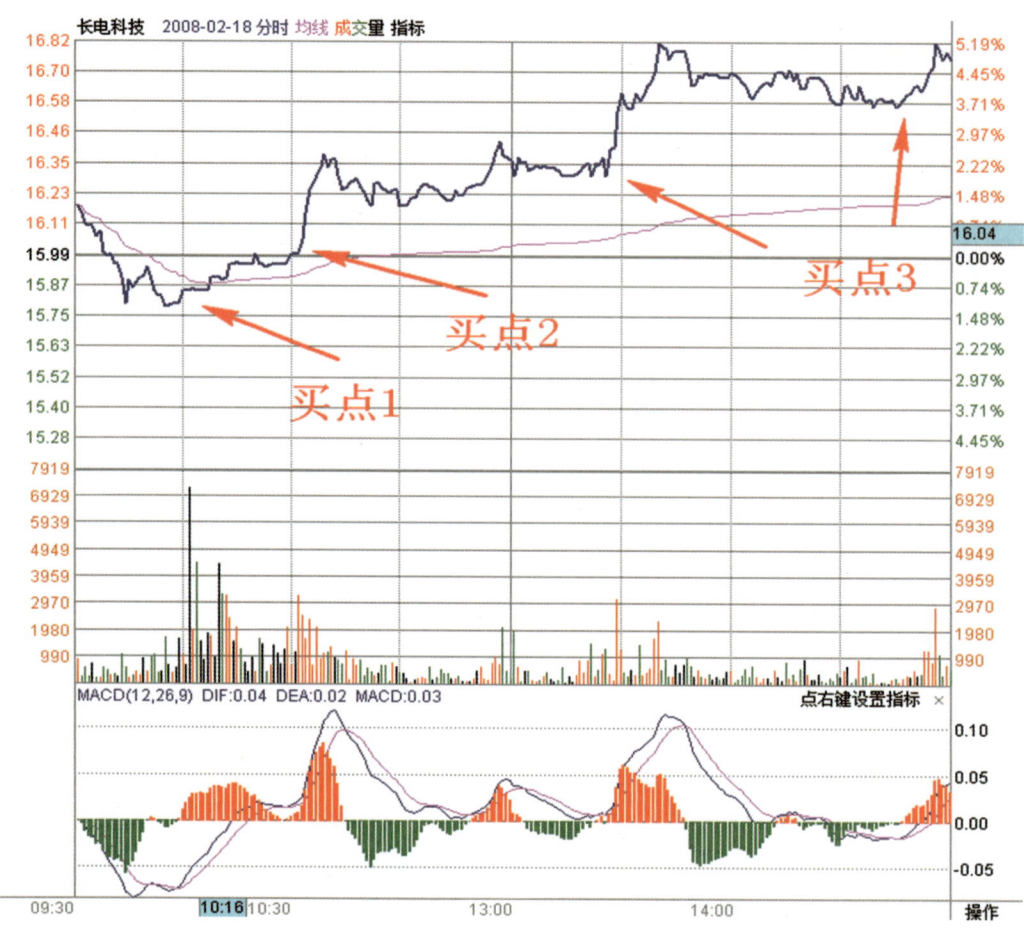

图例054　长电科技（600584）盘口走势图谱

职业操盘手实训要点：

对照软件，认真观察实战图谱，把它们的走势特点写下来：

（1）空间位置：_____

（2）均线结构：_____

（3）量能结构：_____

（4）形态特征：_____

（5）操盘决策：_____

【道破短线天机】实战图谱055

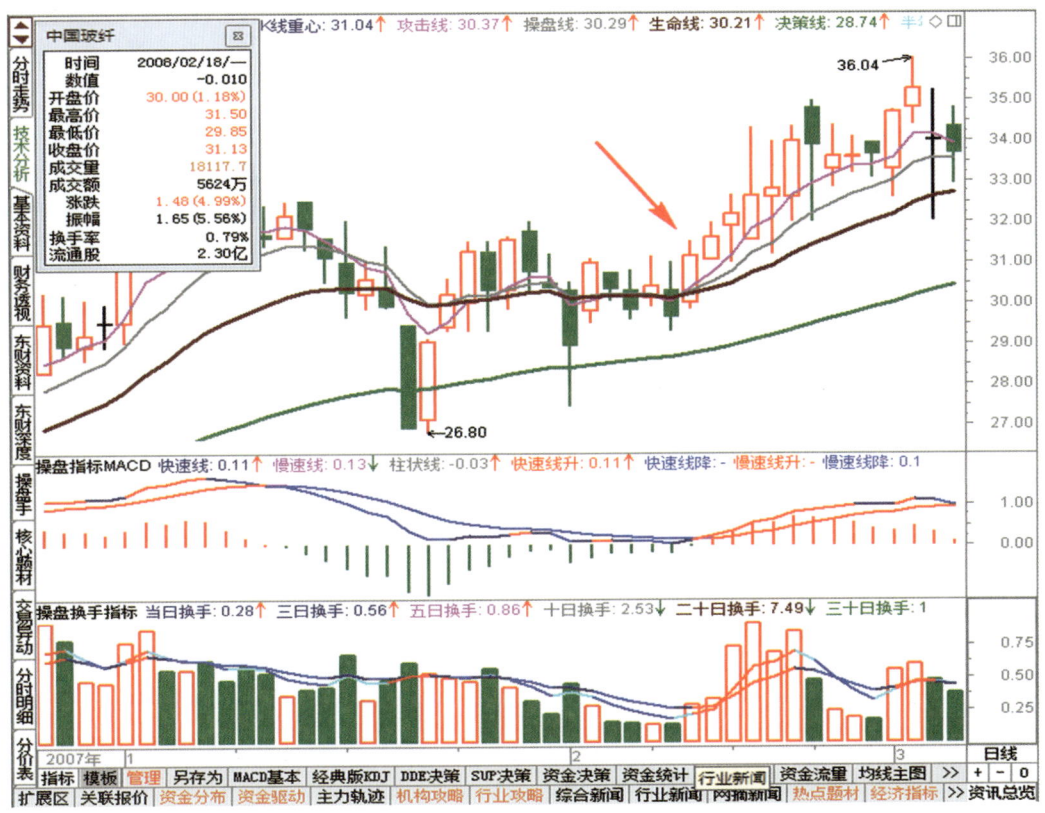

图例055　中国玻纤（600176）日K线走势图谱

短线操盘策略分析：

（一）题材热点：吸收并购巨石集团。中国玻纤行业龙头企业。2007年度业绩增长100%。

（二）技术形态：股价围绕20天均线反复震荡，并已经形成上升中继平台。今日盘中放量上涨，股价走势出现向上突破迹象。20天和60天均线系统仍然金叉向上。

（三）最佳买点：股价盘中放量突破20天均线时买进。次日股价回调20天均线时再买进加仓。第一阻力33.5元，可考虑短线止赢。第二阻力36元，可考虑中线止赢。

（四）风险控制：中继平台区域风险控制在5%止损。

（五）实战训练：参见实战图谱056所示，短线严格按照技术要领操作。

【道破短线天机】实战图谱 056

图例056　中国玻纤（600176）盘口走势图谱

职业操盘手实训要点：

对照软件，认真观察实战图谱，把它们的走势特点写下来：

(1) 空间位置：＿＿＿＿＿＿＿＿＿＿＿＿＿＿＿＿＿＿＿＿＿＿＿

(2) 均线结构：＿＿＿＿＿＿＿＿＿＿＿＿＿＿＿＿＿＿＿＿＿＿＿

(3) 量能结构：＿＿＿＿＿＿＿＿＿＿＿＿＿＿＿＿＿＿＿＿＿＿＿

(4) 形态特征：＿＿＿＿＿＿＿＿＿＿＿＿＿＿＿＿＿＿＿＿＿＿＿

(5) 操盘决策：＿＿＿＿＿＿＿＿＿＿＿＿＿＿＿＿＿＿＿＿＿＿＿

【道破短线天机】实战图谱 057

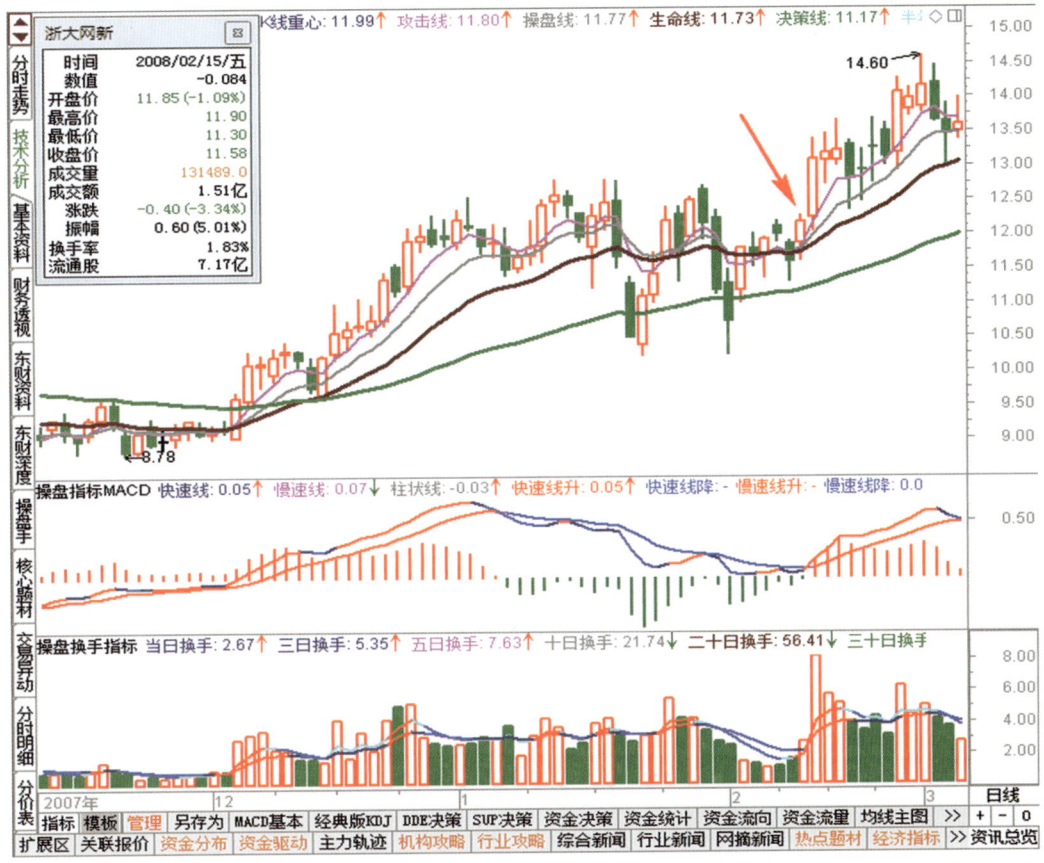

图例057　浙大网新（600797）日K线走势图谱

短线操盘策略分析：

（一）题材热点：美国微软公司战略合作伙伴。环保概念，烟气脱酸项目占国内9%市场份额。控股上海花样年华公司，进军手机游戏领域。

（二）技术形态：股价在60天均线受到支撑，并已经形成大三角上升形态。今日放量上涨，并突破30天均线。短线走势强于大盘。5天和10天均线系统刚刚发生金叉攻击向上。

（三）最佳买点：股价盘中放量突破20天均线时买进。次日股价回调20天均线时再买进加仓。第一阻力12.5元，可考虑短线止赢。第二阻力15元附近，可考虑中线止赢。

（四）风险控制：上升中继平台区域风险控制在5%止损。

（五）实战训练：参见实战图谱 058 所示，短线严格按照技术要领操作。

【道破短线天机】实战图谱 058

图例 058　浙大网新（600797）盘口走势图谱

职业操盘手实训要点：

对照软件，认真观察实战图谱，把它们的走势特点写下来：

（1）空间位置：_____

（2）均线结构：_____

（3）量能结构：_____

（4）形态特征：_____

（5）操盘决策：_____

【道破短线天机】实战图谱059

图例059　孚日股份（002083）日K线走势图谱

短线操盘策略分析：

（一）题材热点：公司投资介入太阳能光伏领域，生产CIS薄膜太阳电池。国内家纺行业龙头企业。2007年度业绩预增。

（二）技术形态：股价跌穿60天均线后，与2007年11月前低形成中期人双底底部。今日放量上涨，并突破60天均线。短线将进一步反弹。5天和10天均线系统已经发生金叉攻击向上。

（三）最佳买点：股价盘中放量突破60天均线时买进。次日股价回调60天均线时再买进加仓。第一阻力16.8元，可考虑短线止赢。第二阻力18元，可考虑中线止赢。

（四）风险控制：底部区域风险控制放宽至10%止损。

（五）实战训练：参见实战图谱060所示，短线严格按照技术要领操作。

【道破短线天机】实战图谱 060

图例 060　孚日股份（002083）盘口走势图谱

职业操盘手实训要点：

对照软件，认真观察实战图谱，把它们的走势特点写下来：

（1）空间位置：_____

（2）均线结构：_____

（3）量能结构：_____

（4）形态特征：_____

（5）操盘决策：_____

【道破短线天机】实战图谱061

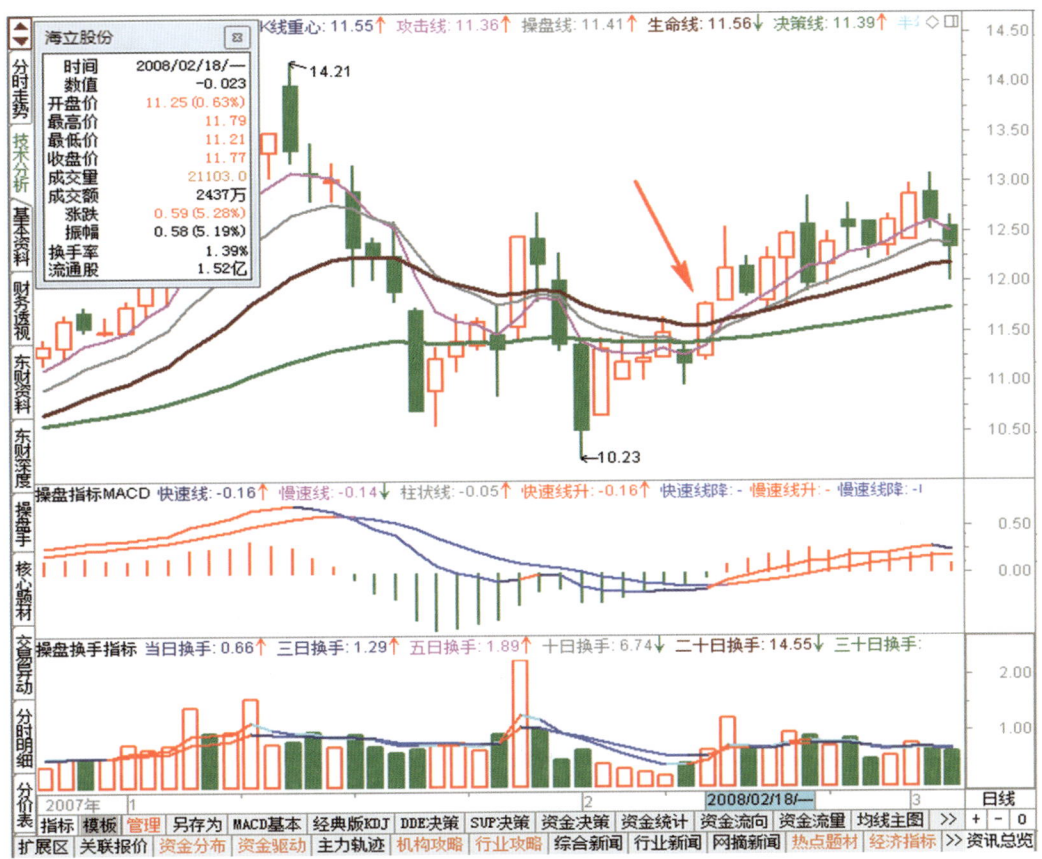

图例061　海立股份（60061）日K线走势图谱

短线操盘策略分析：

（一）题材热点：公司已经成为"中国第一、世界第三"的空调压缩机生产基地。巨资并购三洋电机。2007年度业绩增长50%。

（二）技术形态：股价在60天均线反复企稳，并已经形成中期底部。今日放量上涨，短线反弹行情已经展开。5天均线已经呈现攻击向上趋势。

（三）最佳买点：股价盘中放量突破昨日最高价时买进。尾盘持续上涨，趋势已经形成时再买进加仓。第一阻力12.5元，可考虑短线止赢。第二阻力14元，可考虑中线止赢。

（四）风险控制：底部区域风险控制放宽至10%止损。

（五）实战训练：参见实战图谱062所示，短线严格按照技术要领操作。

【道破短线天机】实战图谱062

图例062　海立股份（600619）盘口走势图谱

职业操盘手实训要点：

对照软件，认真观察实战图谱，把它们的走势特点写下来：

（1）空间位置：_____

（2）均线结构：_____

（3）量能结构：_____

（4）形态特征：_____

（5）操盘决策：_____

【道破短线天机】实战图谱063

图例063 江山化工（002061）日K线走势图谱

短线操盘策略分析：

（一）题材热点：国内精细化工子行业龙头企业，DMF和DMAC已经形成规模优势。

2007年度业绩保持持续增长。

（二）技术形态：股价在60天均线反复企稳，并已经形成中期底部。今日放量上涨，短线反弹行情已经展开。5天和10天均线系统金叉攻击向上。

（三）最佳买点：股价盘中放量上涨时买进。股价尾盘涨势定型时再买进加仓。

（四）风险控制：底部区域风险控制放宽至10%止损。

（五）实战训练：参见实战图谱064所示，短线严格按照技术要领操作。

【道破短线天机】实战图谱064

图例064　江山化工（002061）盘口走势图谱

职业操盘手实训要点：

对照软件，认真观察实战图谱，把它们的走势特点写下来：

（1）空间位置：_____

（2）均线结构：_____

（3）量能结构：_____

（4）形态特征：_____

（5）操盘决策：_____

【道破短线天机】实战图谱065

图例065　领先科技（000669）日K线走势图谱

短线操盘策略分析：

（一）题材热点：天津领先集团下属企业，天津滨海概念。2007年度业绩预增长。

（二）技术形态：股价已经在60天均线形成中期底部。今日再次放量上涨，并突破20天均线。短线走势强于大盘。5天和10天均线系统金叉攻击向上。

（三）最佳买点：股价盘中放量站稳20天均线时买进。次日股价回调5天均线时再买进加仓。第一阻力13元，可考虑短线止赢。第二阻力14元，可考虑中线止赢。

（四）风险控制：底部区域风险控制放宽至10%止损。

（五）实战训练：参见实战图谱066所示，短线严格按照技术要领操作。

【道破短线天机】实战图谱066

图例066　领先科技（000669）盘口走势图谱

职业操盘手实训要点：

对照软件，认真观察实战图谱，把它们的走势特点写下来：

（1）空间位置：_____

（2）均线结构：_____

（3）量能结构：_____

（4）形态特征：_____

（5）操盘决策：_____

【道破短线天机】实战图谱 067

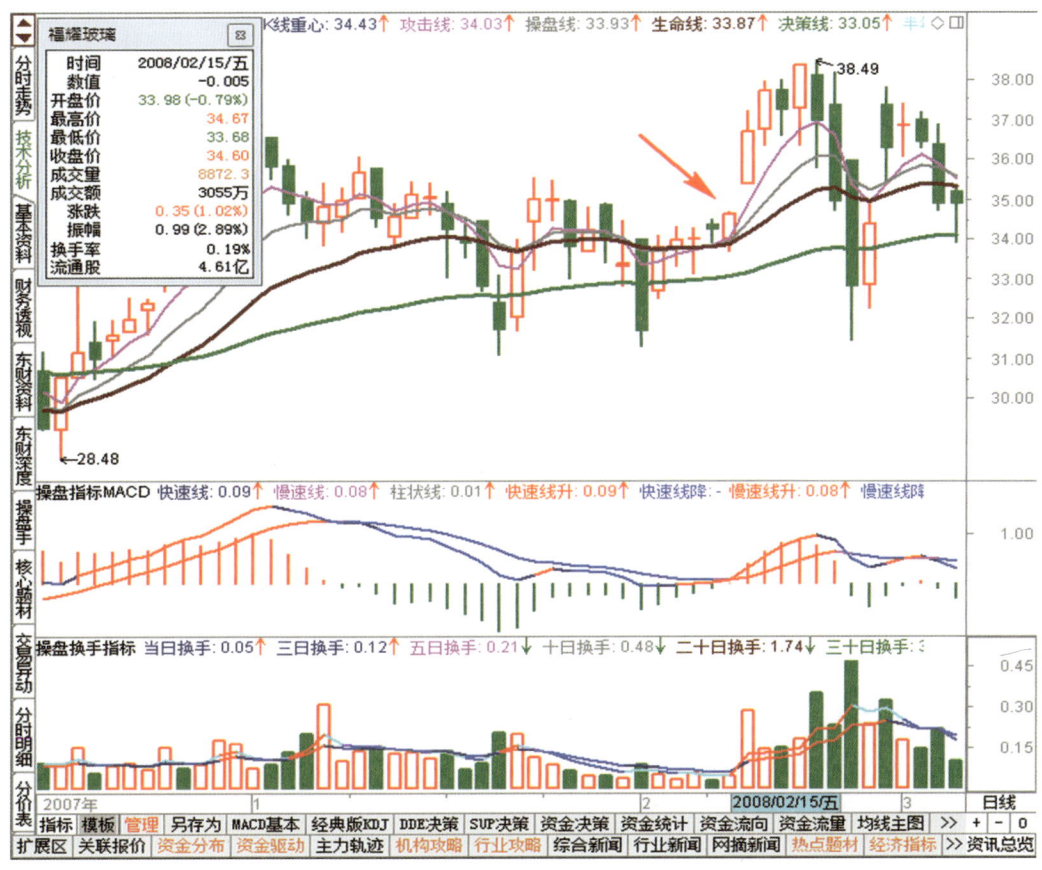

图例 067　福耀玻璃（600660）日 K 线走势图谱

短线操盘策略分析：

（一）题材热点：国内最大、全球第五大汽车玻璃生产企业。受惠国家出口退税政策。

2007 年度业绩增长 50%。

（二）技术形态：股价在 60 天均线和 20 天均线反复企稳，并已经形成中期底部。今日放巨量上涨，并突破底部平台。5 天和 10 天均线系统金叉攻击向上突破 20 天均线，上涨趋势已经形成。

（三）最佳买点：股价盘中放量高开回调时买进。股价盘中突破 36 元平台时买进加仓。

短线阻力 38 元，可考虑短线止赢。不必恋战，落袋为安。

（四）风险控制：上升中继高位平台区域风险控制在5%止损。

（五）实战训练：参见实战图谱068所示，短线严格按照技术要领操作。

【道破短线天机】实战图谱068

图例068　福耀玻璃（600660）盘口走势图谱

职业操盘手实训要点：

对照软件，认真观察实战图谱，把它们的走势特点写下来：

（1）空间位置：_____

（2）均线结构：_____

（3）量能结构：_____

（4）形态特征：_____

（5）操盘决策：_____

【道破短线天机】实战图谱069

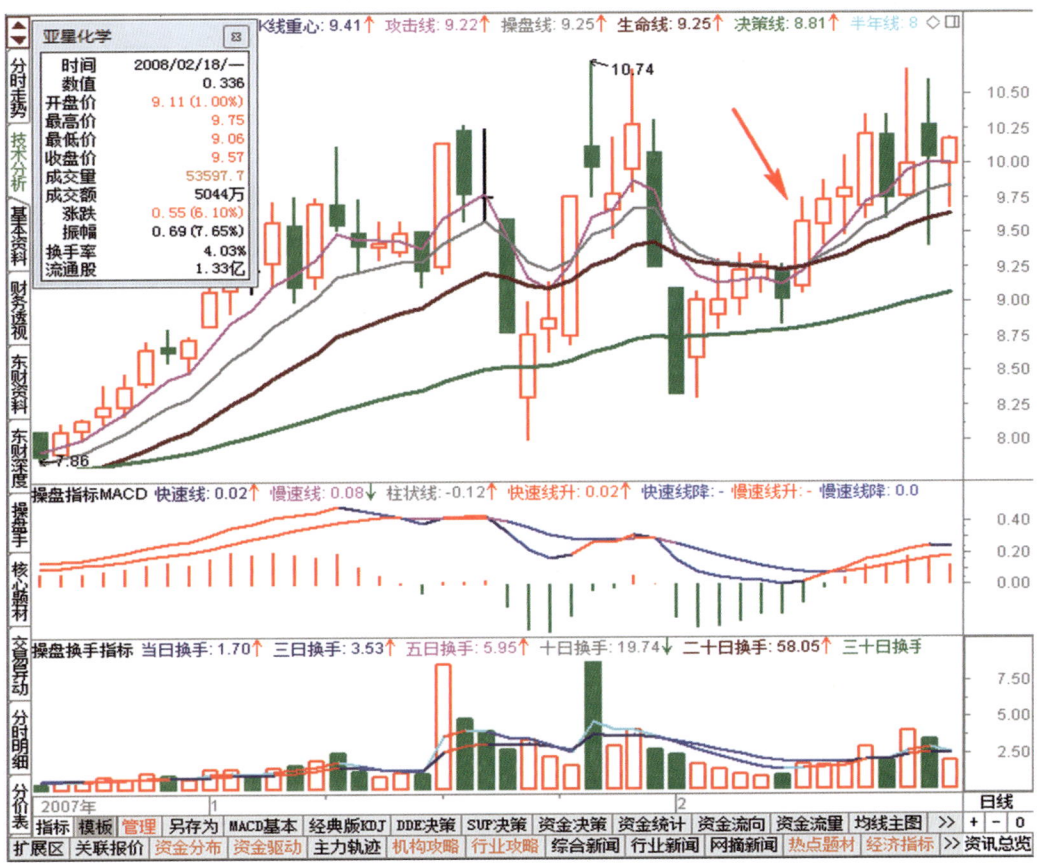

图例069　亚星化学（600319）日K线走势图谱

短线操盘策略分析：

（一）题材热点：大股东引进国外战略投资者。氯化聚乙烯项目规模居世界首位，国内市场占有率达60%。与德国拜耳集团子公司合作建设全球最大的水合肼生产基地。

（二）技术形态：股价在60天均线反复企稳，并已经形成中期底部。今日温和放量上涨，并突破20天均线。短线走势强于大盘。5天均线系统形成向上攻击势态。

（三）最佳买点：股价盘中放量突破20天均线时买进。次日股价回调20天均线时再买进加仓。阻力10.5元，可考虑短线止赢。

（四）风险控制：底部区域风险控制放宽至10%止损。

（五）实战训练：参见实战图谱070所示，短线严格按照技术要领操作。

【道破短线天机】实战图谱 070

图例 070　亚星化学（600319）盘口走势图谱

职业操盘手实训要点：

对照软件，认真观察实战图谱，把它们的走势特点写下来：

（1）空间位置：＿＿＿＿＿＿＿＿＿＿＿＿＿＿＿＿＿＿＿＿＿＿＿＿＿＿

（2）均线结构：＿＿＿＿＿＿＿＿＿＿＿＿＿＿＿＿＿＿＿＿＿＿＿＿＿＿

（3）量能结构：＿＿＿＿＿＿＿＿＿＿＿＿＿＿＿＿＿＿＿＿＿＿＿＿＿＿

（4）形态特征：＿＿＿＿＿＿＿＿＿＿＿＿＿＿＿＿＿＿＿＿＿＿＿＿＿＿

（5）操盘决策：＿＿＿＿＿＿＿＿＿＿＿＿＿＿＿＿＿＿＿＿＿＿＿＿＿＿

【道破短线天机】实战图谱071

图例071　霞客环保（002015）日K线走势图谱

短线操盘策略分析：

（一）题材热点：国内色纺行业龙头企业。收购滁州安兴环保彩纤有限公司股权。

（二）技术形态：股价在60天均线反复企稳，并已经形成中期底部。今日温和放量上涨，并突破20天均线。短线反弹趋势形成。5天和10天均线系统金叉攻击向上。

（三）最佳买点：股价盘中放量突破20天均线时买进。次日股价回调20天均线时再买进加仓。阶段性阻力19元附近，可考虑短线止赢。

（四）风险控制：底部区域风险控制放宽至10%止损。

（五）实战训练：参见实战图谱072所示，短线严格按照技术要领操作。

【道破短线天机】实战图谱072

图例072　霞客环保（002015）盘口走势图谱

职业操盘手实训要点：

对照软件，认真观察实战图谱，把它们的走势特点写下来：

（1）空间位置：_____

（2）均线结构：_____

（3）量能结构：_____

（4）形态特征：_____

（5）操盘决策：_____

【道破短线天机】实战图谱 073

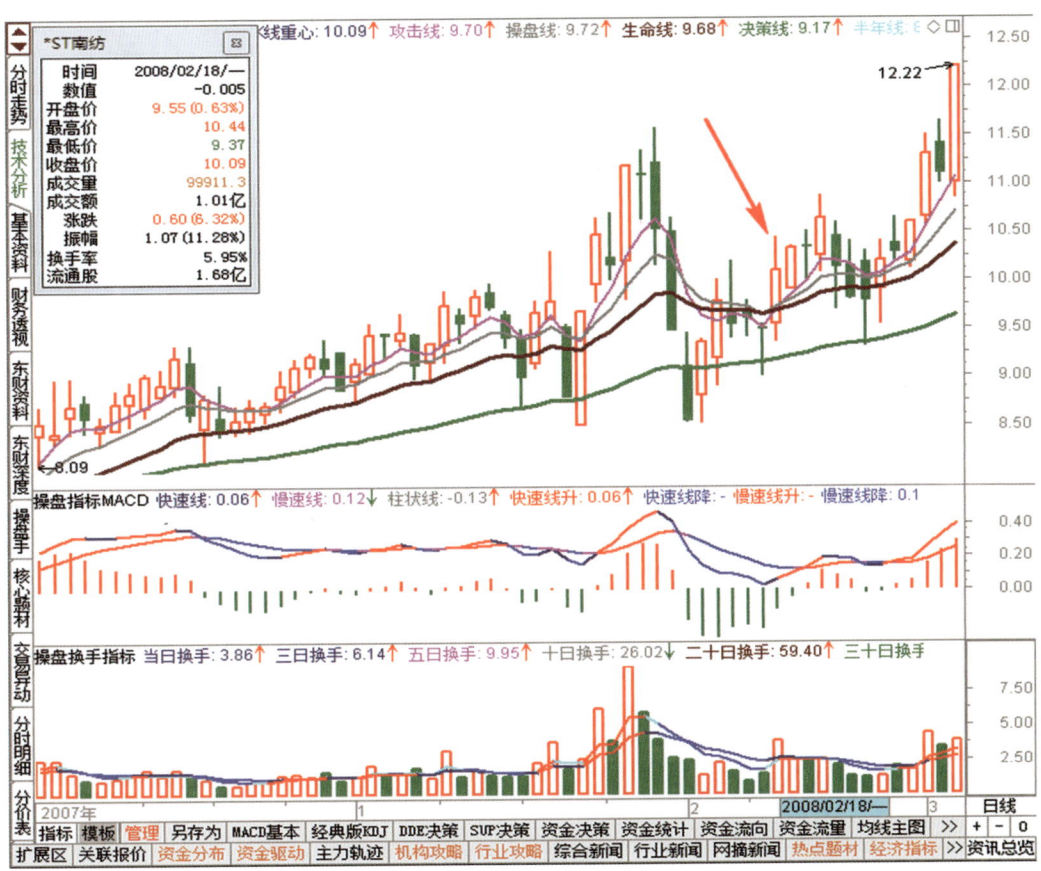

图例 073　南纺股份（600250）日 K 线走势图谱

短线操盘策略分析：

（一）题材热点：股权投资，收购南京国际展览中心公司和南京朗诗置业公司。创投概念，持有弘瑞创投公司 12.6% 的股权。

（二）技术形态：股价在 60 天均线反复企稳，并已经形成中期底部。今日放量上涨，并突破 20 天均线。短线反弹趋势已经形成。5 天均线系统攻击向上。

（三）最佳买点：股价盘中放量突破 20 天均线时买进。次日股价回调 10 天均线时再买进加仓。第一阻力位 11 元附近，可考虑短线止赢。第二阻力 13 元，可考虑中线止赢。

（四）风险控制：底部区域风险控制放宽至 10% 止损。

（五）实战训练：参见实战图谱 074 所示，短线严格按照技术要领操作。

【道破短线天机】实战图谱074

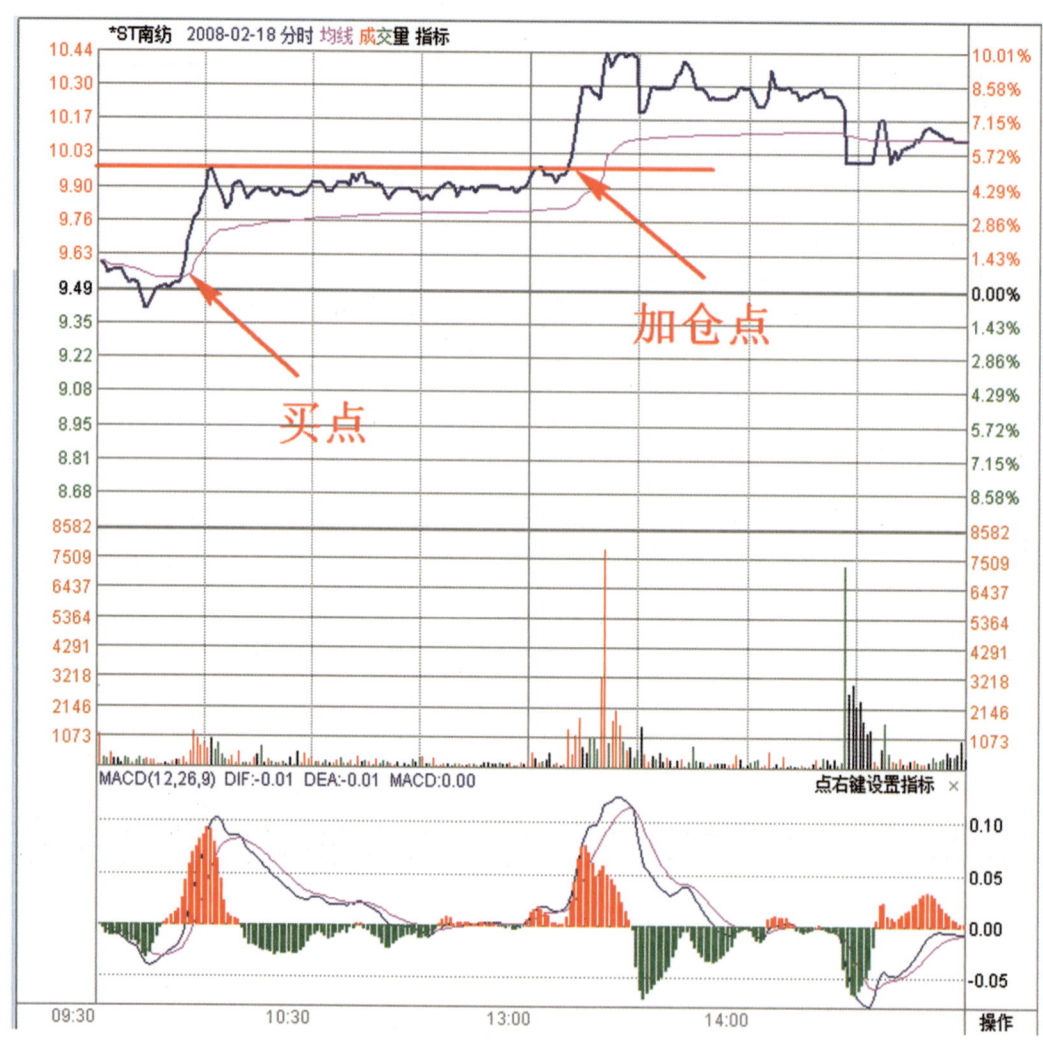

图例074　南纺股份（600250）盘口走势图谱

职业操盘手实训要点：

对照软件，认真观察实战图谱，把它们的走势特点写下来：

（1）空间位置：_____

（2）均线结构：_____

（3）量能结构：_____

（4）形态特征：_____

（5）操盘决策：_____

【道破短线天机】实战图谱 075

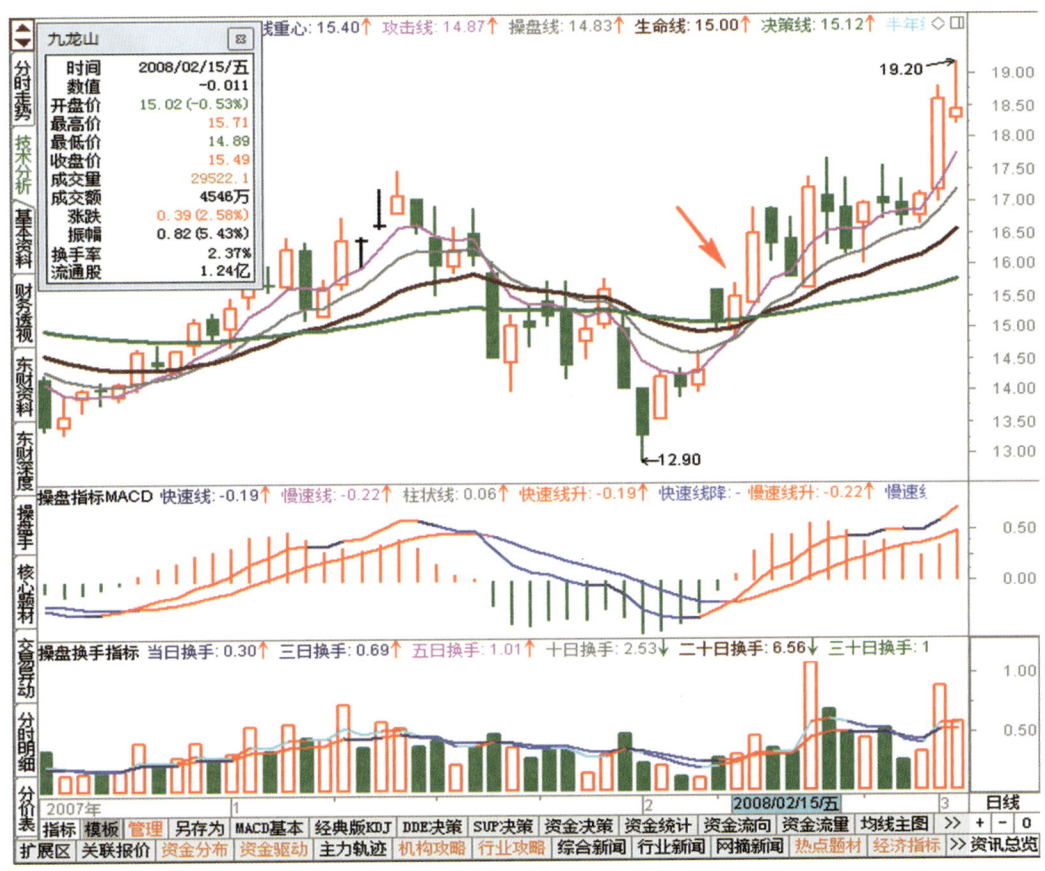

图例 075　九龙山（600555）日 K 线走势图谱

短线操盘策略分析：

（一）题材热点：进军旅游业，开发主题公园，投资高尔夫、马会和游艇。服装和贸易收益稳定。证券投资获利巨大。

（二）技术形态：股价在 60 天均线之下构筑空头陷阱之后，已经形成中期大双底形态。

连续温和放量上涨，今日突破 20 天均线。短线 5 天和 10 天均线系统金叉攻击向上。

（三）最佳买点：股价盘中放量突破昨日最高价时买进。次日股价回调 20 天均线时再买进加仓。第一阻力 17 元，可考虑短线止赢。第二阻力 19 元，可考虑中线止赢。

（四）风险控制：底部区域风险控制放宽至10%止损。

（五）实战训练：参见实战图谱076所示，短线严格按照技术要领操作。

【道破短线天机】实战图谱076

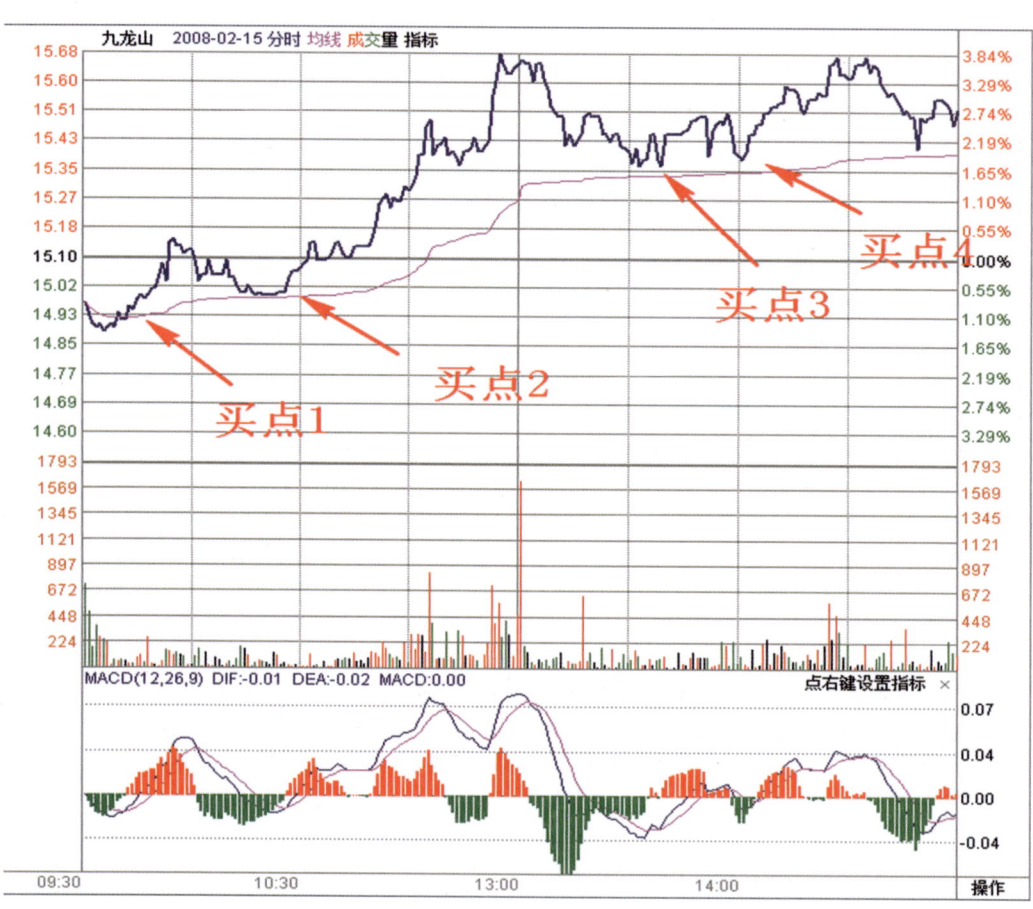

图例076　九龙山（600555）盘口走势图谱

职业操盘手实训要点：

对照软件，认真观察实战图谱，把它们的走势特点写下来：

（1）空间位置：＿＿＿＿＿＿＿＿＿＿＿＿＿＿＿＿＿＿＿＿

（2）均线结构：＿＿＿＿＿＿＿＿＿＿＿＿＿＿＿＿＿＿＿＿

（3）量能结构：＿＿＿＿＿＿＿＿＿＿＿＿＿＿＿＿＿＿＿＿

（4）形态特征：＿＿＿＿＿＿＿＿＿＿＿＿＿＿＿＿＿＿＿＿

（5）操盘决策：＿＿＿＿＿＿＿＿＿＿＿＿＿＿＿＿＿＿＿＿

【道破短线天机】 实战图谱077

图例077 海南海药（000566）日K线走势图谱

短线操盘策略分析：

（一）题材热点：当时是海南地区唯一一家医药上市公司。受惠医药提价，业绩改善。

大股东承诺股价低于10元不减持股份。

（二）技术形态：股价在60天均线反复企稳，并已经形成中期底部。今日放巨量上涨，突破20天均线。短线走势强于大盘。5天和10天均线系统金叉攻击向上。

（三）最佳买点：股价盘中放量突破20天均线时买进。次日股价回调20天均线时再买进加仓。第一阻力12元，可考虑短线止赢。第二阻力14元，可考虑中线止赢。

（四）风险控制：底部区域风险控制放宽至10%止损。

（五）实战训练：参见实战图谱078所示，短线严格按照技术要领操作。

【道破短线天机】实战图谱078

图例078　海南海药（000566）盘口走势图谱

职业操盘手实训要点：

对照软件，认真观察实战图谱，把它们的走势特点写下来：

（1）空间位置：_____

（2）均线结构：_____

（3）量能结构：_____

（4）形态特征：_____

（5）操盘决策：_____

【道破短线天机】实战图谱079

图例079　荣盛发展（002146）日K线走势图谱

短线操盘策略分析：

（一）题材热点：公司拥有环渤海地区大量土地储备，增值潜力巨大。小流通市值股，股价超跌。2007年度业绩持续增长。

（二）技术形态：股价在60天均线反复企稳，并已经形成中期底部。今日放量上涨突破20天均线。短线走势强于大盘。5天和10天均线系统金叉攻击向上。

（三）最佳买点：股价盘中放量突破20天均线时买进。次日股价回调20天均线时再买进加仓。短线阻力40元附近，可考虑短线止赢。

（四）风险控制：底部区域风险控制放宽至10%止损。

（五）实战训练：参见实战图谱080所示，短线严格按照技术要领操作。

【道破短线天机】实战图谱080

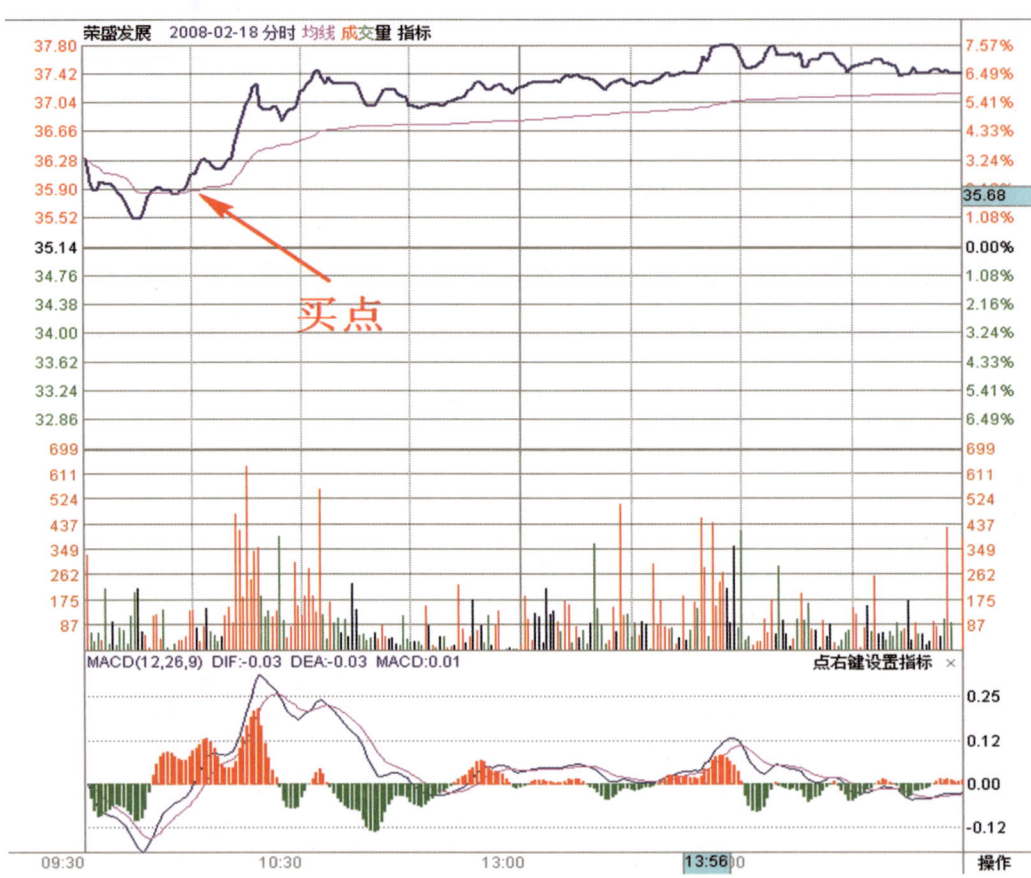

图例080 荣盛发展（002146）盘口走势图谱

职业操盘手实训要点：

对照软件，认真观察实战图谱，把它们的走势特点写下来：

（1）空间位置：_____

（2）均线结构：_____

（3）量能结构：_____

（4）形态特征：_____

（5）操盘决策：_____

第六章
狙击涨停技法

第一节　狙击涨停的经典技法

在《道破股市天机》系列丛书之《道破涨停天机》中，笔者曾对各种涨停手法及其技术形态作了详尽的分析，并指出了各种涨停黑马的买进和买出技术信号，供各位学习和参考。在与此相关的文章里，笔者是这样描述涨停黑马的盈利效应的：

在长期的股市投资过程中，笔者研究发现，大部分强势的短线黑马或中长线大白马都是从第一个涨停板开始，从此展开了它漫长的上涨之旅。从1997年到2007年，这十年间，笔者正是通过对涨停黑马的深入研究和不断跟踪，使得自己从最初级的股民晋级为一个高级的专业操盘手，而自己的保证金也在十年间呈几何性地得到数百倍的增长。可以这样说，涨停黑马的盈利效应是极度惊人的！而涨停黑马正是市场极端力量和极端财富的极端展现！当然，由于主力资金、技术形态和目标股票背后的各种因素，涨停往往也意味着一个极端陷阱的开始。很多涨停的所谓黑马转眼就是一场惊天动地的暴跌，使大量跟风的投资者深套其中，解决这个办法的最佳措施是什么呢？笔者将在有关的章节中加以详尽的分析。

涨停，代表的是极端力量；

涨停，也代表的是极端财富。

在这里值得指出的是，《道破涨停天机》是我国股市自诞生以来第一部从股价的涨停时间、成交量、涨停波形、阶段位置等多角度全方位详尽描写分析涨停黑马买进和卖出信号的操盘工具书，有缘的朋友务必要用心阅读细细琢磨，必可获得巨大的回报。

基于上述描述，在超级短线战法里，狙击涨停是一项十分可靠而又难度极高的短线操盘技术！之所以说它可靠，是因为大部分涨停黑马均是强势主力操盘的结果，后果持续上涨的动力极强。而难度极高是说明涨停必须要用追涨的手法、良好的心态和高超的下单技巧来应对。往往涨停的股票带给操盘手的思考和分析时间非常短暂，因此，职业投资者和职业操盘手就必须在极短的时间内迅速判断出目标股价的阶段位置、主力操盘意图和后续可能的上涨趋势，并迅速下单狙击。

狙击涨停是遵循强者恒强的投资法则。因此，在本书中，笔者向大家简要介绍两种最可靠的狙击涨停操盘技术。分别是狙击生命线涨停和狙击决策线涨停两种。

关于狙击突破生命线涨停，基本意思如下：

股价反复震荡企稳形成阶段性底部后，开始温和放量启动，股价震荡向上盘升，重心逐步上移。5天攻击线和10天操盘线在底部开始金叉向上，支撑股价持续上行。当日，股价放量攻击，量比达到5倍以上，综合量能越大越好。主力以大阳线攻击突破生命线。

在即时图中，股价突破生命线价格区域时量能急速放大，股价走势曲线坚定向上，盘中回调不破均价线。当股价突破生命线回调时，可现价打进第一单。当日股价涨停时，在最后一笔大卖单即将消失时，迅速打进第二单。一般情况下，主力第一次突破生命线的涨停通常会在15分钟内开板诱空。当股价开板诱空时，可在股价回调幅度至0.5%时迅速介入第三单，下单时，要以高于市价的几分钱买入，此时买入的价位较理想，可保证迅速成交。

关于狙击突破决策线涨停，基本意思如下：

股价持续下跌至决策线下后止跌并逐步形成阶段性底部。此时，成交量大幅萎缩，盘中抛压基本缩手，筹码趋于稳定状态。5天攻击线开始拐头向上，形成筑底反弹式的初级攻击状态。当日，股价放量攻击，量比达到5倍以上，综合量能越大越好，主力以大阳线攻击突破决策线。

在即时图中，股价突破决策线时量能急速放大，股价走势曲线坚定向上，盘中回调不破均价线。当股价盘中突破决策线价格区域回调时，可现价打进第一单。当日股价涨停时，在最后一笔大卖单即将消失时，迅速打进第二单。一般情况下，主力第一次突破决策线的涨停通常会在15分钟内开板诱空。当股价开板诱空时，可在股价回调幅度至0.5%时迅速介入第三单，下单时，要以高于市价的几分钱买入，此时买入的价位较理想，可保证迅速成交。

关于狙击突破平台涨停，基本意思如下：

股价在构筑短期和中期底部平台，或经过一轮拉升后构筑中继上升平台完成之后。在构筑平台的后期，成交量持续萎缩，表明盘中筹码趋于稳定，主力对平台的构筑即将完成。5天攻击线开始拐头向上，并与10天操盘线开始金叉，形成短线上升通道。当日，股价放量攻击，量比达到1倍以上，综合量能越大越好，主力以大阳线攻击形成突破平台之势。这是上涨加速的重要表现。

在即时图中，股价突破平台重要颈线价位和平台上轨价格时，成交量能急速放大，股价走势曲线坚定向上，盘中回调不破均价线。当股价盘中突破平台重要颈线价位和平台上轨价格区域回调时，可现价打进第一单。当日股价涨停时，在最后一笔大卖单即将消失时，迅速打进第二单。一般情况下，主力第一次突破重要阻力价格区域的涨停通常会在15～30分钟内开板诱空。当股价开板诱空时，可在股价回调幅度至0.5%时迅速介入第三单，下单时，要以高于市价的几分钱买入，此时买入的价位较理想，可保证迅速成交。

关于狙击上升通道加速涨停，基本意思如下：

股价在上升通道中，经过一轮幅度不大的拉升后，主力展开洗盘行情。洗盘前，股价连续放量攻击，单日换手平均达到6%以上。量能急速放大，说明主力已经投入巨资操盘。洗盘时，股价在10天操盘线受到支撑，量能迅速萎缩。经过洗盘后，主力重新发动新一轮攻击。5天攻击线开始拐头向上，并与10天操盘线再度形成良好的中级上升通道。当日，股价放量攻击，量比达到1倍以上，综合量能越大越好，主力以大阳线攻击突破洗盘前的高点。这是上涨加速的重要表现。

在即时图中，股价突破洗盘前最高价格时，成交量能急速放大，股价走势曲线坚定向上，盘中回调不破均价线。当股价盘中突破洗盘前最高价格区域回调时，可现价打进第一单。当日股价涨停时，在最后一笔大卖单即将消失时，迅速打进第二单。一般情况下，主力第一次突破重要阻力价格区域的涨停通常会在15～30分钟内开板诱空。当股价开板诱空时，可在股价回调幅度至0.5%时迅速介入第三单，下单时，要以高于市价的几分钱买入，此时买入的价位较理想，可保证迅速成交。

第二节　狙击涨停的实战案例

【道破短线天机】实战图谱081

短线操盘策略分析：

（一）题材热点：公司已经被钢铁物流大王百科集团兼并收购。打造国内第一家钢铁电子商务交易平台系统，构建网络钢铁超市。受益东北老工业基地大开发政策机遇。

（二）技术形态：股价在60天均线形成中期双底结构。今日放巨量涨停，并突破底部上轨。中线行情已经展开。5天均线系统已经呈现攻击向上趋势。

图例081　宋都股份（600077）日K线走势图谱

（三）最佳买点：股价盘中放量突破昨日最高价时买进。股价盘中涨停时再买进加仓。

第一阻力10元，可考虑短线止赢。第二阻力11元，可考虑中线止赢。

（四）风险控制：底部区域风险控制放宽至10%止损。

（五）实战训练：参见实战图谱082所示，短线严格按照技术要领操作。

【道破短线天机】实战图谱082

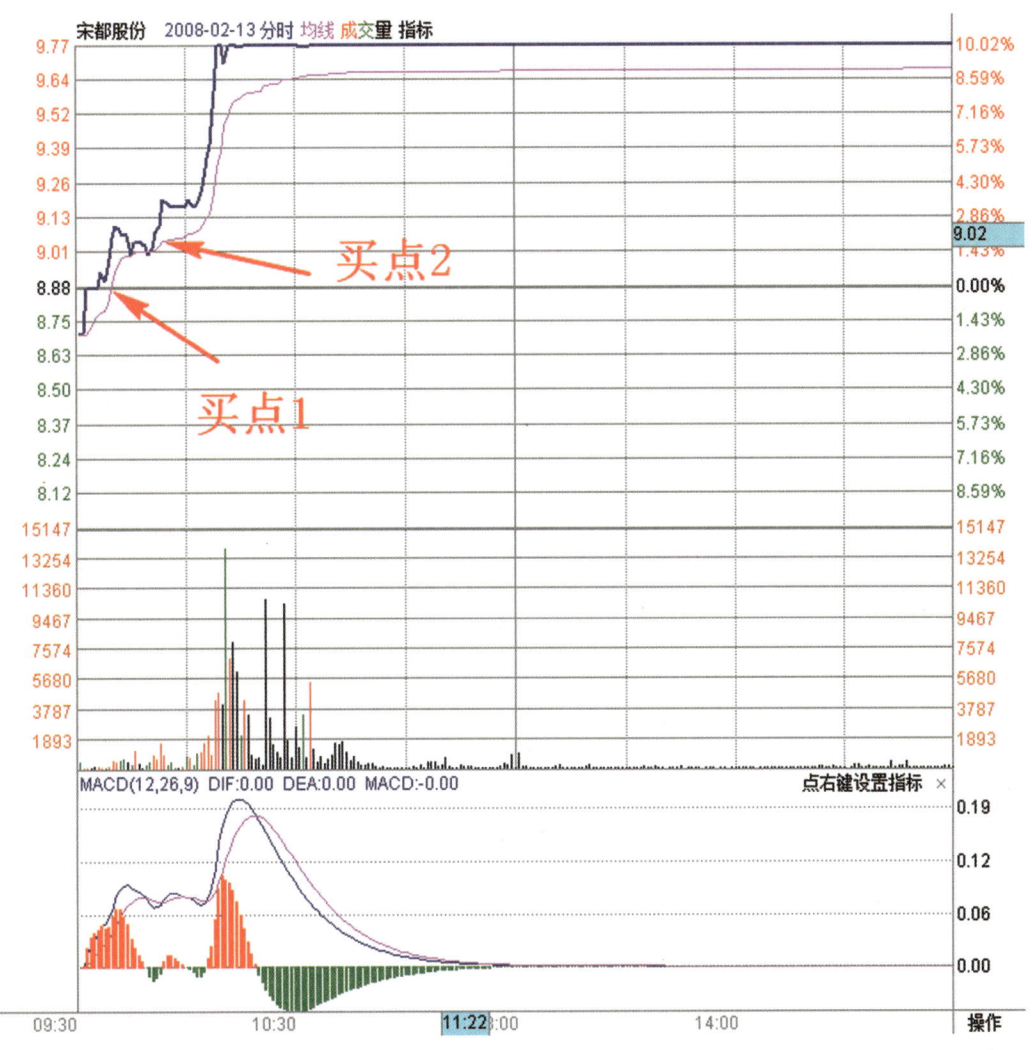

图例082　宋都股份（600077）盘口走势图谱

职业操盘手实训要点：

对照软件，认真观察实战图谱，把它们的走势特点写下来：

（1）空间位置：_____

（2）均线结构：_____

（3）量能结构：_____

（4）形态特征：_____

（5）操盘决策：_____

第六章　狙击涨停技法

【道破短线天机】实战图谱083

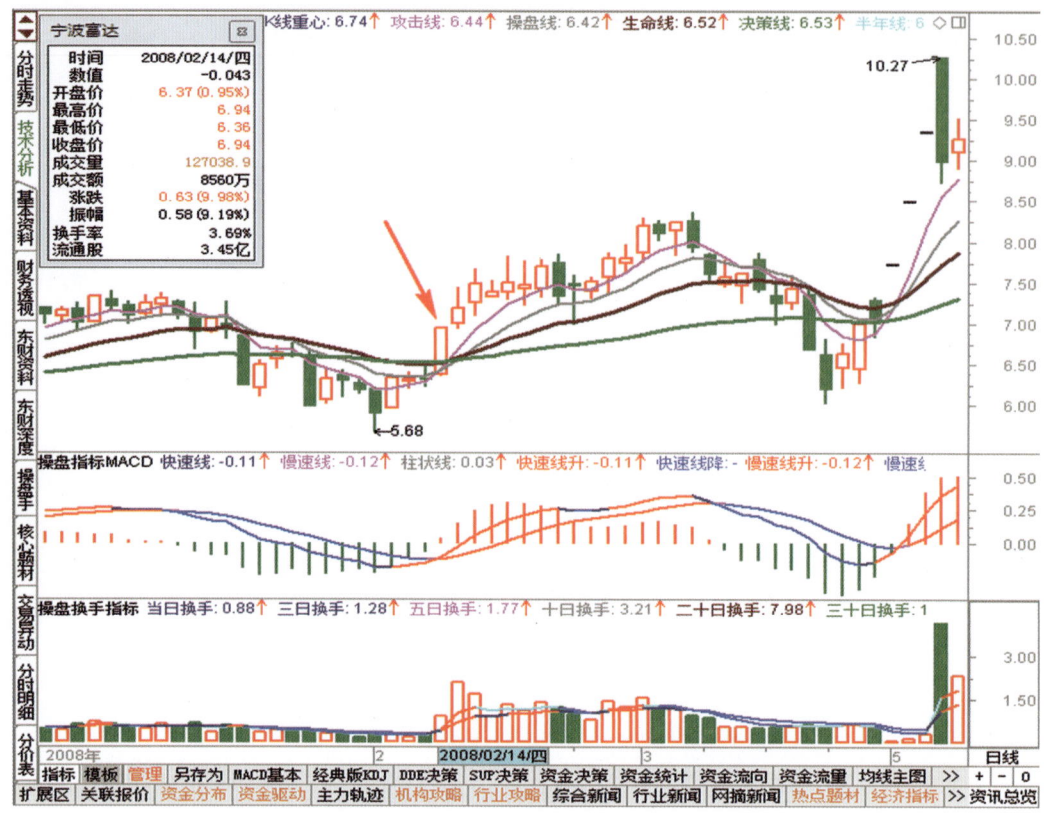

图例083　宁波富达（600724）日K线走势图谱

短线操盘策略分析：

（一）题材热点：低价环保能源概念，介入垃圾发电新能源领域，受益国家环保政策。

浙江水泥行业龙头企业。2007年度业绩持续增长。

（二）技术形态：股价跌穿60天均线后萎缩到地量状态，并形成中期大底。今日放巨量涨停，并突破20天均线。短线行情已经展开。5天均线系统已经呈现攻击向上趋势。

（三）最佳买点：股价盘中放量突破20天均线时买进。股价盘中涨停时再买进加仓。

（四）风险控制：底部区域风险控制放宽至10%止损。

（五）实战训练：参见实战图谱084所示，短线严格按照技术要领操作。

【道破短线天机】实战图谱 084

图例 084　宁波富达（600724）盘口走势图谱

职业操盘手实训要点：

对照软件，认真观察实战图谱，把它们的走势特点写下来：

（1）空间位置：_____

（2）均线结构：_____

（3）量能结构：_____

（4）形态特征：_____

（5）操盘决策：_____

【道破短线天机】实战图谱085

图例085　金山开发（600679）日K线走势图谱

短线操盘策略分析：

（一）题材热点：公司是上海市金山开发区国资委唯一一家上市公司。受惠上海金山开发区开发政策，商业地产增值潜力巨大。受益上海世博会概念。

（二）技术形态：股价在20天均线之上反复构筑形成三角形上升平台。今日放巨量涨停，并突破平台上轨。中线行情已经展开。5天和10天均线系统已经金叉攻击向上。

（三）最佳买点：股价盘中放量突破平台上轨时买进。股价盘中涨停时再买进加仓。

（三）风险控制：大三角平台区域有效突破，风险控制放宽至10%止损。

（五）实战训练：参见实战图谱086所示，短线严格按照技术要领操作。

【道破短线天机】实战图谱086

图例086 金山开发（600679）盘口走势图谱

职业操盘手实训要点：

对照软件，认真观察实战图谱，把它们的走势特点写下来：

（1）空间位置：_____

（2）均线结构：_____

（3）量能结构：_____

（4）形态特征：_____

（5）操盘决策：_____

第六章 狙击涨停技法

【道破短线天机】实战图谱087

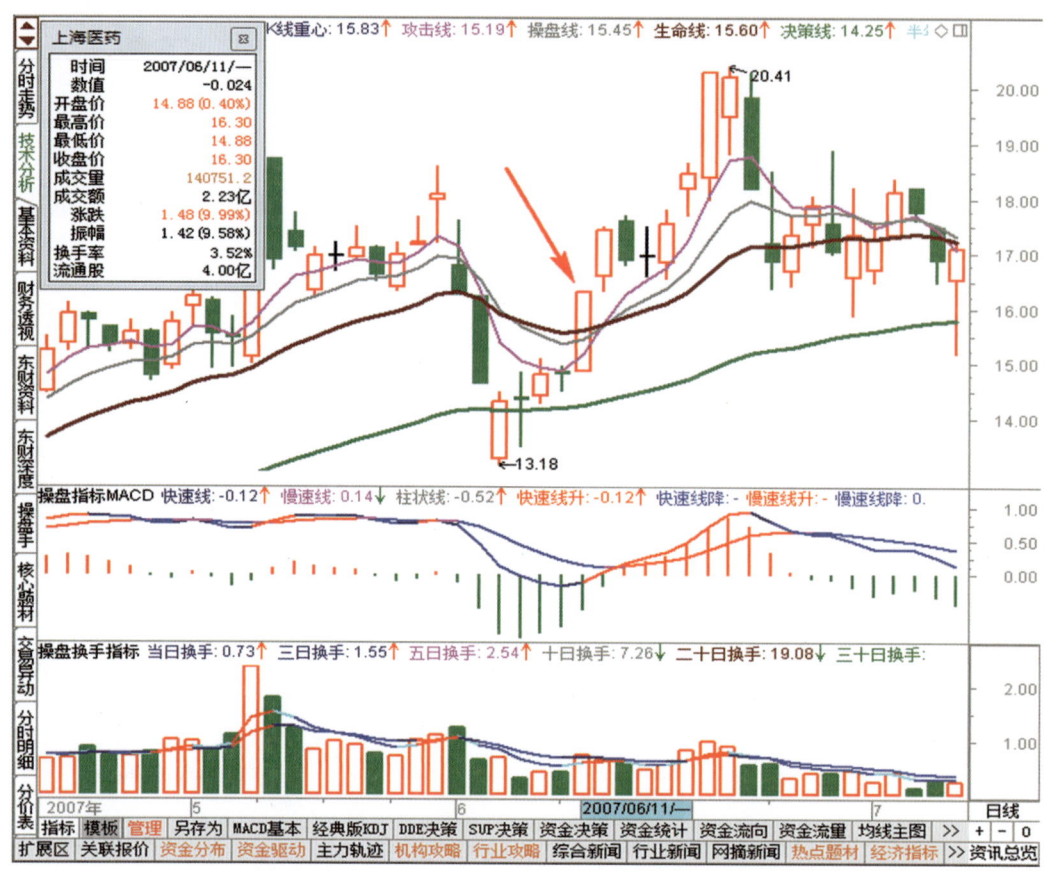

图例087　上海医药（601607）日K线走势图谱

短线操盘策略分析：

（一）题材热点：公司已经由上海医药集团公司控股。受惠国家医药改革新政策。

受益上海世博会概念。2007年度业绩预增长。

（二）技术形态：股价在60天均线之上反复构筑中期底部。今日放巨量涨停，一举突破20天均线。中线行情即将展开。5天和10天均线系统已经金叉攻击向上。

（三）最佳买点：股价盘中放量突破20天均线时买进。股价盘中涨停时再买进加仓。

（四）风险控制：中期底部区域刚刚启动，风险控制放宽至10%止损。

（五）实战训练：参见实战图谱088所示，短线严格按照技术要领操作。

【道破短线天机】实战图谱088

图例088　上海医药（601607）盘口走势图谱

职业操盘手实训要点：

对照软件，认真观察实战图谱，把它们的走势特点写下来：

（1）空间位置：_____

（2）均线结构：_____

（3）量能结构：_____

（4）形态特征：_____

（5）操盘决策：_____

【道破短线天机】实战图谱089

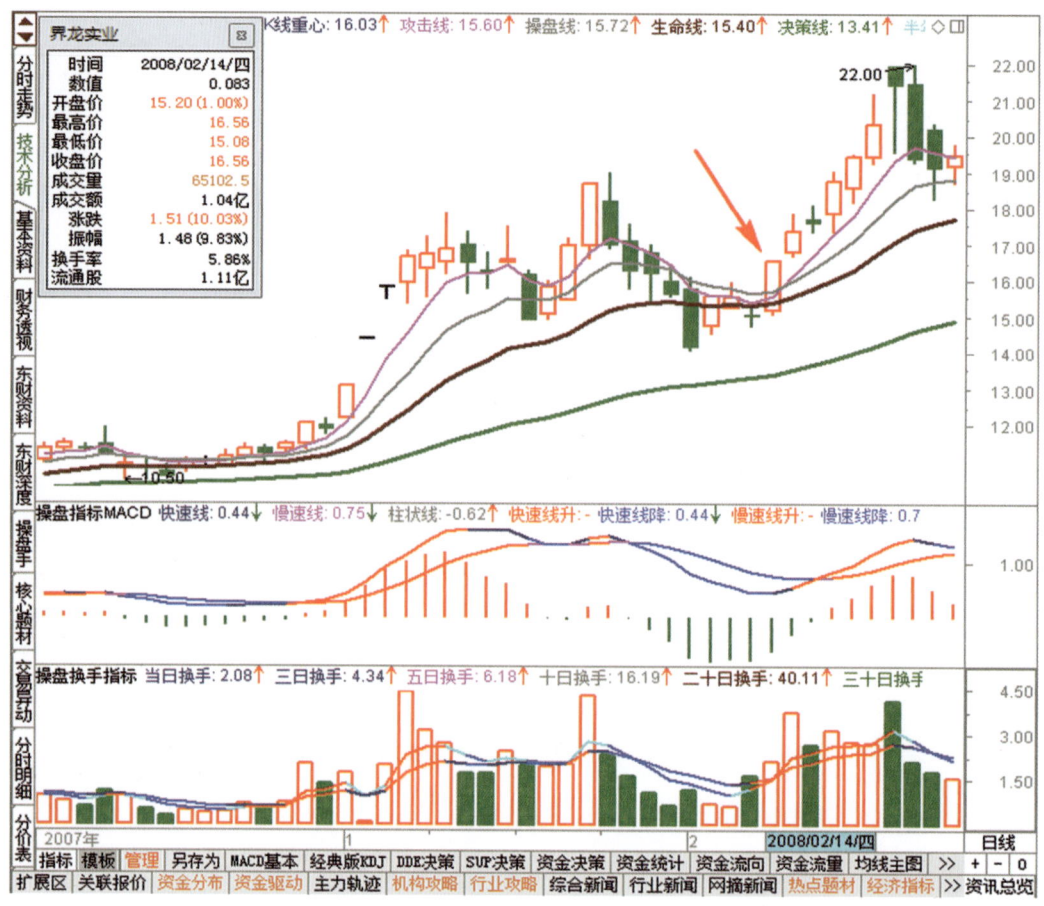

图例089　界龙实业（600836）日K线走势图谱

短线操盘策略分析：

（一）题材热点：沪深两市最大的纸类印刷包装业务上市公司。受惠奥运商机和上海世博会概念。投资数亿元，与中国外文局合作，涉足出版领域。

（二）技术形态：股价在20天均线之上反复构筑形成中期上升楔形平台。今日继续温和放量涨停，并突破10天均线。中线调整已经结束。5天均线系统已经攻击向上，短线行情展开。

（三）最佳买点：股价盘中放量突破10天均线时买进。股价盘中涨停时再买进加仓。

（四）风险控制：上升中继楔形区域即将突破，风险控制放宽至10%止损。

（五）实战训练：参见实战图谱090所示，短线严格按照技术要领操作。

【道破短线天机】实战图谱090

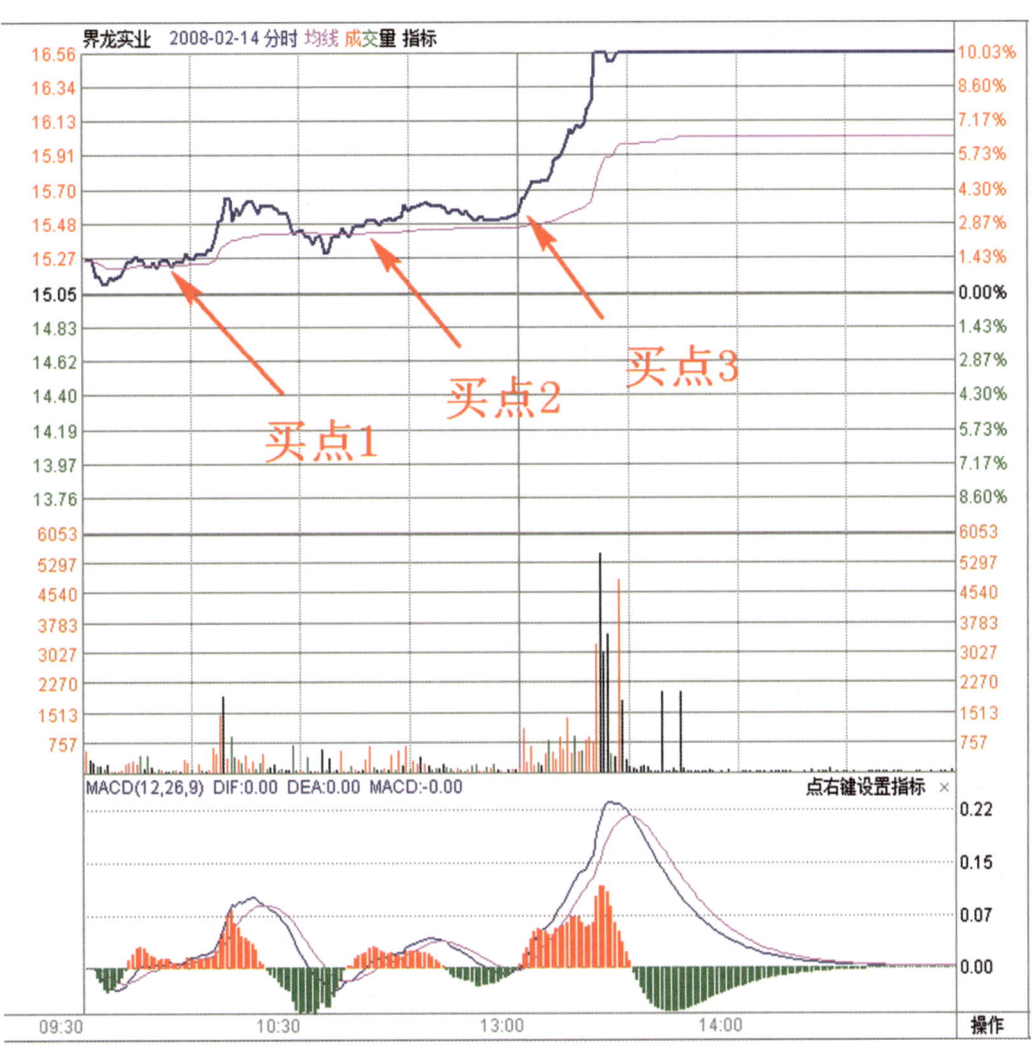

图例090　界龙实业（600836）盘口走势图谱

职业操盘手实训要点：

对照软件，认真观察实战图谱，把它们的走势特点写下来：

（1）空间位置：＿＿＿＿＿＿＿＿＿＿＿＿＿＿＿＿＿＿＿＿＿

（2）均线结构：＿＿＿＿＿＿＿＿＿＿＿＿＿＿＿＿＿＿＿＿＿

（3）量能结构：＿＿＿＿＿＿＿＿＿＿＿＿＿＿＿＿＿＿＿＿＿

（4）形态特征：＿＿＿＿＿＿＿＿＿＿＿＿＿＿＿＿＿＿＿＿＿

（5）操盘决策：＿＿＿＿＿＿＿＿＿＿＿＿＿＿＿＿＿＿＿＿＿

第六章　狙击涨停技法

【道破短线天机】实战图谱091

图例091　合肥三洋（600983）日K线走势图谱

短线操盘策略分析：

（一）题材热点：公司是我国唯一一家外资家电上市企业。受惠国家允许外资在国内发行A股的金融政策。产品定位高端，2007年度业绩保持持续增长。

（二）技术形态：股价在60天均线之上反复构筑形成中期底部。今日放巨量涨停，并突破20天均线。中线行情已经展开。5天和10天均线系统已经金叉攻击向上。

（三）最佳买点：股价盘中放量涨停开板诱空时买进。次日创新高回调时再买进加仓。

（四）风险控制：中期底部区域有效启动，风险控制放宽至10%止损。

（五）实战训练：参见实战图谱092所示，短线严格按照技术要领操作。

【道破短线天机】 实战图谱 092

图例 092　合肥三洋（600983）盘口走势图谱

职业操盘手实训要点：

对照软件，认真观察实战图谱，把它们的走势特点写下来：

（1）空间位置：_____

（2）均线结构：_____

（3）量能结构：_____

（4）形态特征：_____

（5）操盘决策：_____

【道破短线天机】实战图谱093

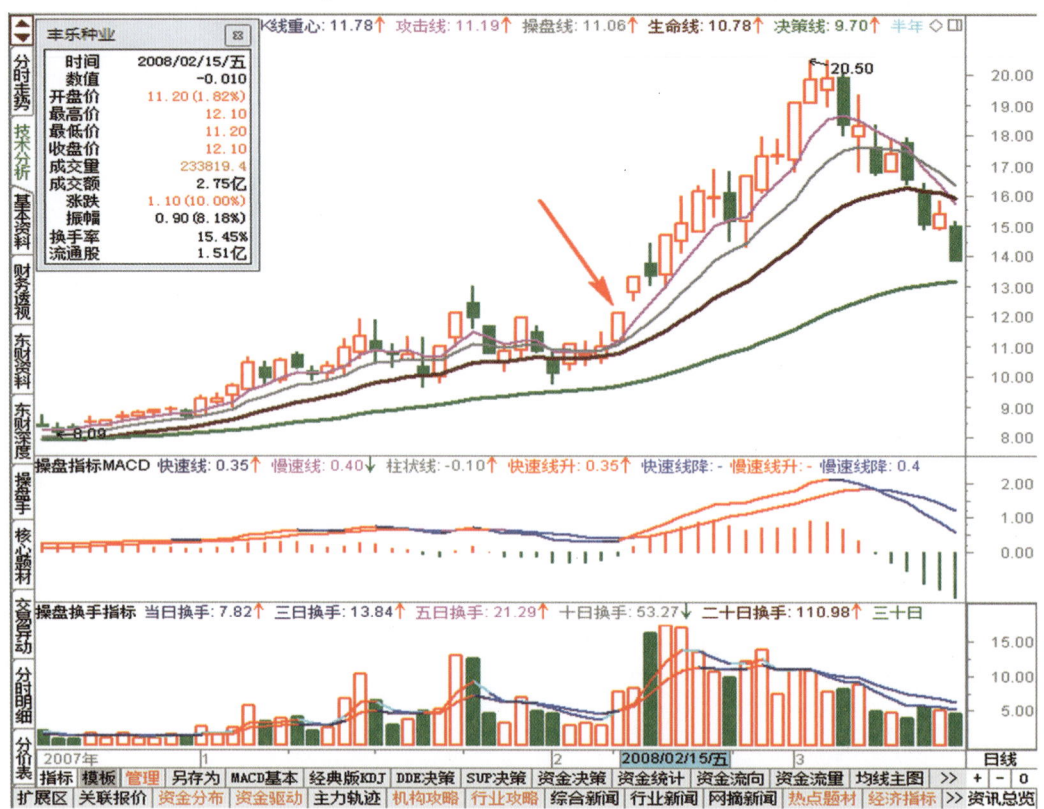

图例093　丰乐种业（000713）日K线走势图谱

短线操盘策略分析：

（一）题材热点：公司主营种类农作物种子种苗，拥有知名品牌。受惠三农开发政策。

2007年度业绩持续稳定增长。

（二）技术形态：股价在20天均线之上反复构筑形成三角形上升平台。今日放量涨停，并突破平台上轨。第二波段行情已经展开。5天和10天均线系统已经金叉攻击向上。

（三）最佳买点：股价盘中放量突破平台上轨时买进。股价盘中涨停时再买进加仓。

（四）风险控制：大三角平台区域有效突破，风险控制放宽至10%止损。

（五）实战训练：参见实战图谱094所示，短线严格按照技术要领操作。

【道破短线天机】实战图谱094

图例094　丰乐种业（000713）盘口走势图谱

职业操盘手实训要点：

对照软件，认真观察实战图谱，把它们的走势特点写下来：

（1）空间位置：_____

（2）均线结构：_____

（3）量能结构：_____

（4）形态特征：_____

（5）操盘决策：_____

【道破短线天机】实战图谱095

图例095　登海种业（002041）日K线走势图谱

短线操盘策略分析：

（一）题材热点：国内玉米种子行业龙头企业，拥有知名品牌。受惠三农开发政策。

袖珍小盘农业股。

（二）技术形态：股价在20天均线之上反复构筑形成楔形上升平台。今日放量涨停，股价趋势结构显示第二波段行情已经展开。5天均线系统攻击向上。

（三）最佳买点：股价盘中放量突破20天均线时买进。股价盘中涨停时再买进加仓。

（四）风险控制：上升中继楔形平台区域面临突破，风险控制放宽至10%止损。

（五）实战训练：参见实战图谱096所示，短线严格按照技术要领操作。

【道破短线天机】实战图谱 096

图例 096　登海种业（002041）盘口走势图谱

职业操盘手实训要点：

对照软件，认真观察实战图谱，把它们的走势特点写下来：

（1）空间位置：_____

（2）均线结构：_____

（3）量能结构：_____

（4）形态特征：_____

（5）操盘决策：_____

【道破短线天机】实战图谱097

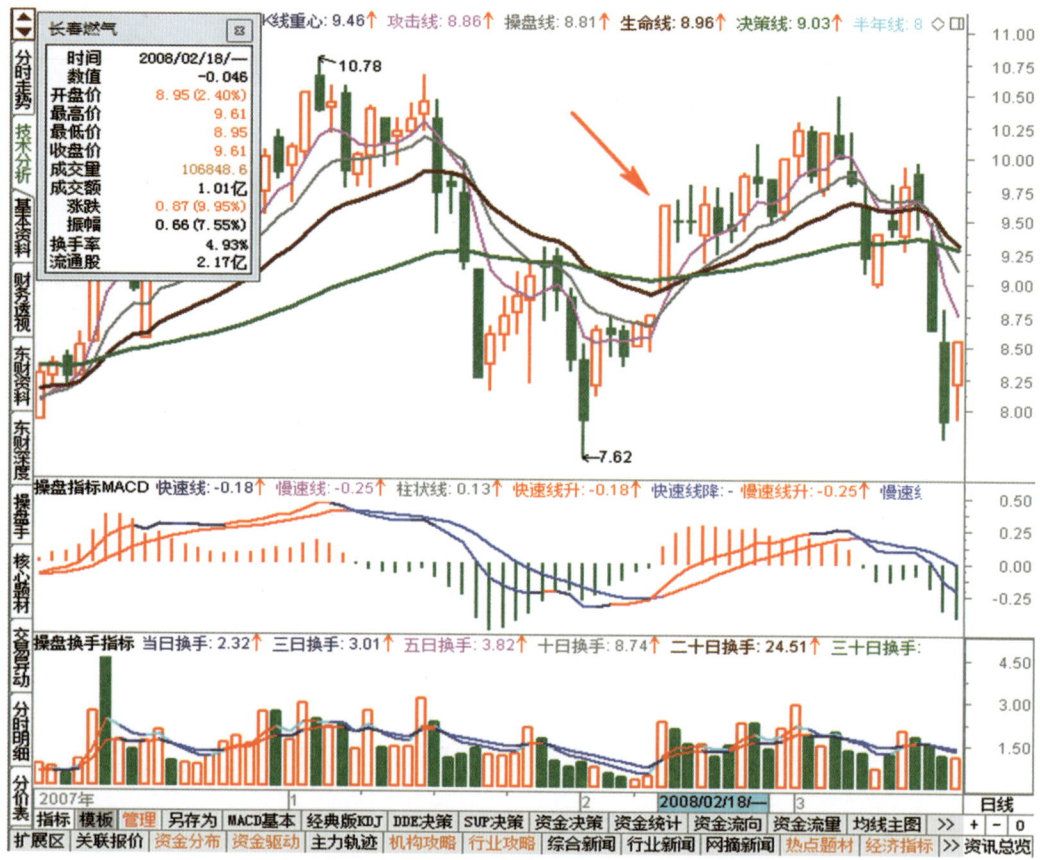

图例097　长春燃气（600333）日K线走势图谱

短线操盘策略分析：

（一）题材热点：公司受香港上市企业百江燃气控股，李嘉诚为百江燃气公司第二大股东。受惠天燃气涨价和东北老工业基地大开发政策。具备资产重组题材。

（二）技术形态：股价跌穿60天均线之后，已经反复构筑形成中期大底。今日放量涨停，并突破20天和60天均线。短线反弹行情已经展开。5天和10天均线系统已经金叉攻击向上。

（三）最佳买点：股价盘中放量突破60天均线时买进。股价盘中涨停时再买进加仓。

（四）风险控制：中期底部区域已经形成，风险控制放宽至10%止损。

（五）实战训练：参见实战图谱098所示，短线严格按照技术要领操作。

【道破短线天机】实战图谱 098

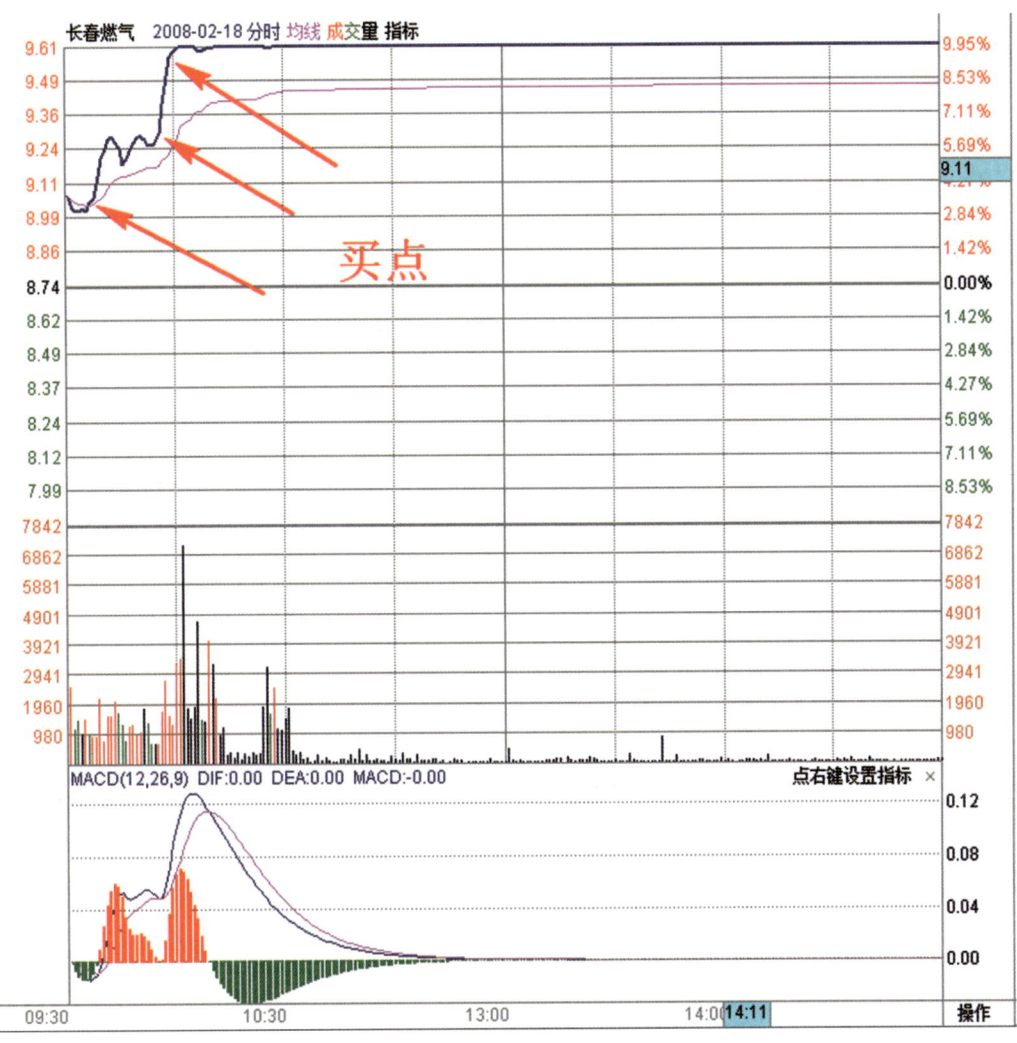

图例 098　长春燃气（600333）盘口走势图谱

职业操盘手实训要点：

对照软件，认真观察实战图谱，把它们的走势特点写下来：

（1）空间位置：_____

（2）均线结构：_____

（3）量能结构：_____

（4）形态特征：_____

（5）操盘决策：_____

【道破短线天机】实战图谱099

图例099　贵糖股份（000833）日K线走势图谱

短线操盘策略分析：

（一）题材热点：国内仅有的两家糖业上市公司之一，已经被华强集团控股并购。受惠三农开发政策。开发甘蔗燃料乙醇，进军新能源领域，受到国家政策支撑。

（二）技术形态：股价在20天均线之上反复构筑形成三角形上升平台。今日放量涨停，并突破平台上轨。第二波段行情已经展开。5天和10天均线系统已经金叉攻击向上。

（三）最佳买点：股价盘中放量突破平台上轨回调均价线时买进。股价盘中涨停时再买进加仓。

（四）风险控制：大三角平台区域有效突破，风险控制放宽至10%止损。

（五）实战训练：参见实战图谱098所示，短线严格按照技术要领操作。

【道破短线天机】实战图谱 100

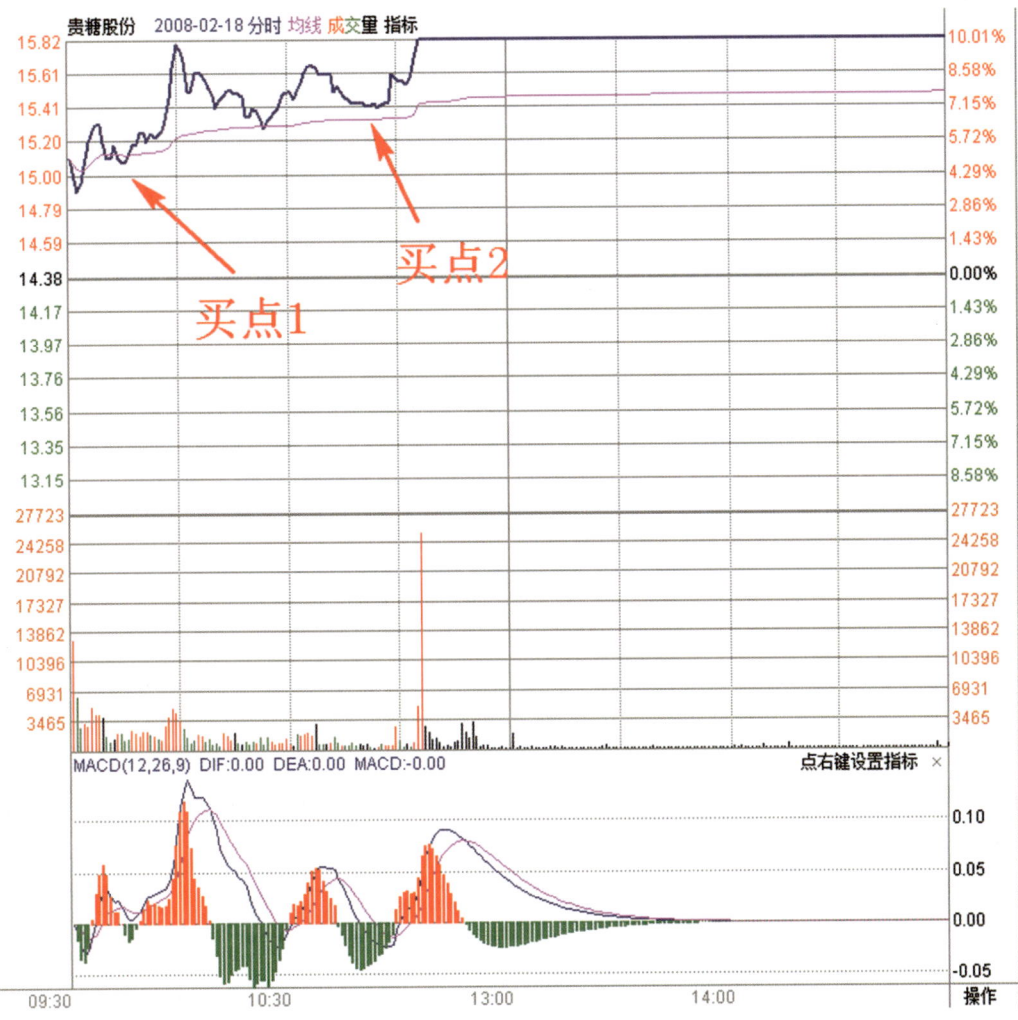

图例 100　贵糖股份（000833）盘口走势图谱

职业操盘手实训要点：

对照软件，认真观察实战图谱，把它们的走势特点写下来：

（1）空间位置：_____

（2）均线结构：_____

（3）量能结构：_____

（4）形态特征：_____

（5）操盘决策：_____

第七章

短线实训图谱

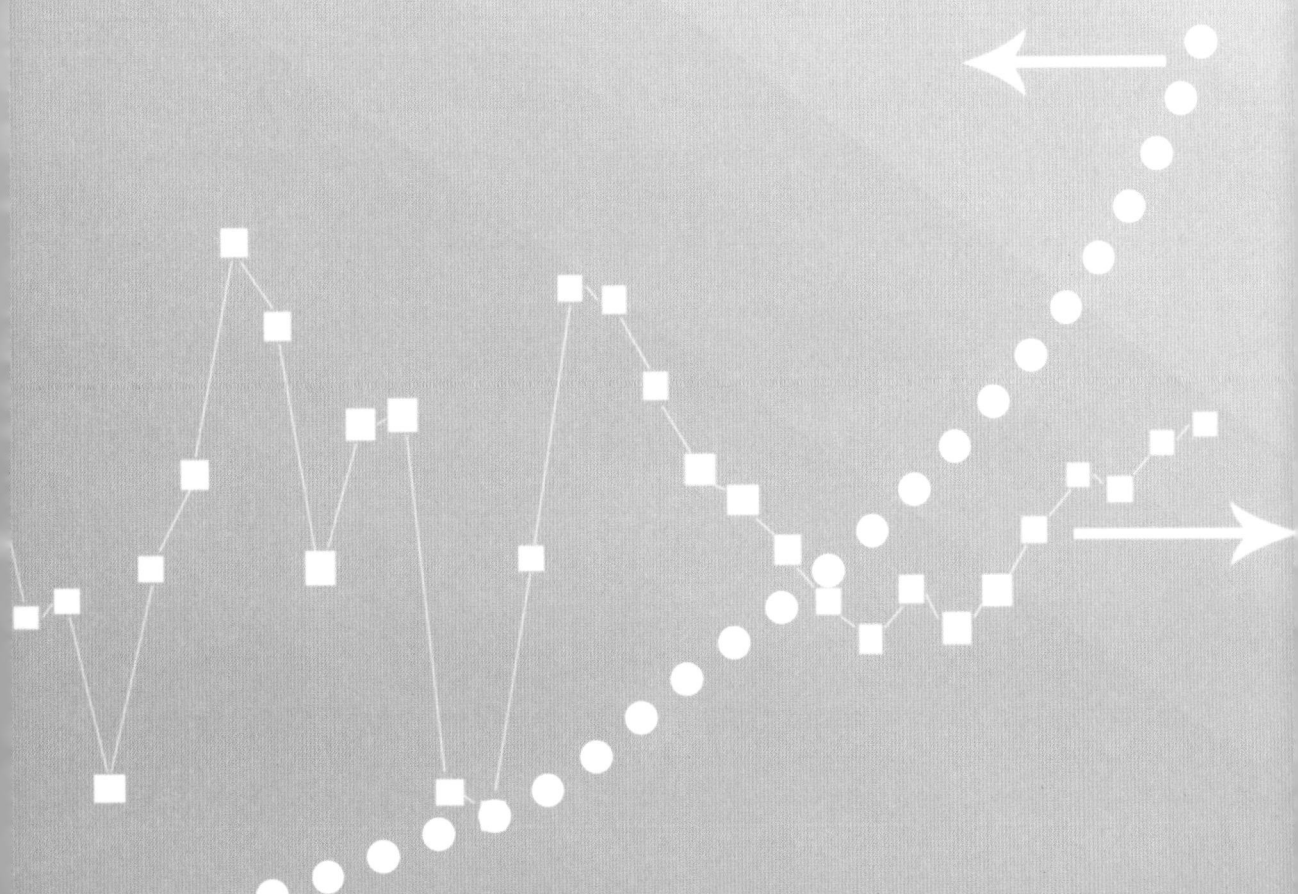

第一节　空间位置低位起涨点

空间位置低位出现的起涨点，是短线操作最为重要的交易模型，各位读者可以参见笔者另一本《起涨点》新编彩图版中有关叙述。所谓起涨点，就是指大盘或者个股在历史性或者阶段性的空间位置低位经过充分的调整整理之后，于当天正式放量展开上涨，这个上涨的起点，就称为起涨点。对于短线投资爱好者来说，关注起涨点是最必须做好的功课。

在这里需要深刻领会几组关键词：

第一组：大盘、个股。

第二组：历史性空间位置低位、阶段性空间位置低位。

第三组：经过充分的调整、整理之后。

第四组：当天正式放量、上涨。

上边这几组关键词，是理解起涨点的关键词，要多加体会。

【道破短线天机】实战图谱 101

图例 101　工大高新（600701）日 K 线走势图谱

短线操盘策略分析：

（一）题材热点：机器人概念，1 米以外无线充电技术概念。

（二）技术形态：当前位置已经处于明显的上升趋势之中，均线系统呈现为多头排列，股价调整到 20 日均线附近，出现站稳迹象。这是低位起涨特征。

（三）最佳买点：股价放量穿越 20 日均线，买进。

（四）风险控制：底部区域风险控制放宽至 10% 止损。

（五）实战训练：参见实战图谱 102 所示，短线严格按照技术要领操作。

【道破短线天机】实战图谱 102

图例 102　工大高新（600701）盘口走势图谱

职业操盘手实训要点：

对照软件，认真观察实战图谱，把它们的走势特点写下来：

（1）空间位置：_____

（2）均线结构：_____

（3）量能结构：_____

（4）形态特征：_____

（5）操盘决策：_____

【道破短线天机】实战图谱 103

图例 103　法尔胜（000890）日 K 线走势图谱

短线操盘策略分析：

（一）题材热点：记忆合金概念，高温超导材料商业应用概念。

（二）技术形态：股价处于 60 日均线上方，均线金叉，小阳线起涨。

（三）最佳买点：股价突破 20 日均线时，积极买进。

（四）风险控制：底部区域风险控制放宽至 10% 止损。

（五）实战训练：参见实战图谱 104 所示，短线严格按照技术要领操作。

【道破短线天机】实战图谱 104

图例 104　法尔胜（000890）盘口走势图谱

职业操盘手实训要点：

对照软件，认真观察实战图谱，把它们的走势特点写下来：

（1）空间位置：_____

（2）均线结构：_____

（3）量能结构：_____

（4）形态特征：_____

（5）操盘决策：_____

【道破短线天机】实战图谱105

图例105　首创股份（600008）日K线走势图谱

短线操盘策略分析：

（一）题材热点：水资源规划概念，美丽中国概念。

（二）技术形态：均线系统呈现为多头排列，股价站稳在攻击线上。

（三）最佳买点：股价回踩5日均线不破，就是买入点。

（四）风险控制：底部区域风险控制放宽至10%止损。

（五）实战训练：参见实战图谱106所示，短线严格按照技术要领操作。

【道破短线天机】实战图谱 106

图例 106　首创股份（600008）盘口走势图谱

职业操盘手实训要点：

对照软件，认真观察实战图谱，把它们的走势特点写下来：

（1）空间位置：_____

（2）均线结构：_____

（3）量能结构：_____

（4）形态特征：_____

（5）操盘决策：_____

【道破短线天机】实战图谱107

图例107 中纺投资（600061）日K线走势图谱

短线操盘策略分析：

（一）题材热点：国投系概念。

（二）技术形态：当天股价处于5日线附近，5日均线和10日均线金叉。

（三）最佳买点：股价成功站稳10日均线，回踩不破时，积极买进。

（四）风险控制：底部区域风险控制放宽至10%止损。

（五）实战训练：参见实战图谱108所示，短线严格按照技术要领操作。

【道破短线天机】实战图谱 108

图例 108　中纺投资（600061）盘口走势图谱

职业操盘手实训要点：

对照软件，认真观察实战图谱，把它们的走势特点写下来：

（1）空间位置：_____

（2）均线结构：_____

（3）量能结构：_____

（4）形态特征：_____

（5）操盘决策：_____

【道破短线天机】实战图谱 109

图例 109　圣莱达（002473）日 K 线走势图谱

短线操盘策略分析：

（一）题材热点：记忆合金概念，游资恶炒概念。

（二）技术形态：股价在低位初步企稳，5 日均线和 10 日均线金叉向上。

（三）最佳买点：股价成功站稳在 5 日均线上的时候，可以积极买进。

（四）风险控制：底部区域风险控制放宽至 10% 止损。

（五）实战训练：参见实战图谱 110 所示，短线严格按照技术要领操作。

【道破短线天机】实战图谱110

图例110 圣莱达（002473）盘口走势图谱

职业操盘手实训要点：

对照软件，认真观察实战图谱，把它们的走势特点写下来：

（1）空间位置：_____

（2）均线结构：_____

（3）量能结构：_____

（4）形态特征：_____

（5）操盘决策：_____

第二节　空间位置低位突破均线

图例 111　华光股份（600475）日 K 线走势图谱

短线操盘策略分析：

（一）题材热点：垃圾无害化处理概念，可再生能源概念。

（二）技术形态：股价在低位初步企稳，5 日均线和 10 日均线金叉向上。

（三）最佳买点：股价有效站稳在 5 日均线上方时，可以积极买进。

（四）风险控制：底部区域风险控制放宽至 10% 止损。

（五）实战训练：参见实战图谱 112 所示，短线严格按照技术要领操作。

【道破短线天机】实战图谱112

图例112　华光股份（600475）盘口走势图谱

职业操盘手实训要点：

对照软件，认真观察实战图谱，把它们的走势特点写下来：

（1）空间位置：_____

（2）均线结构：_____

（3）量能结构：_____

（4）形态特征：_____

（5）操盘决策：_____

【道破短线天机】实战图谱113

图例113　东湖高新（600133）日K线走势图谱

短线操盘策略分析：

（一）题材热点：绿色建筑试点城市概念，污水处理概念。

（二）技术形态：短期均线流畅，形成多头排列，即将突破60日均线压制。

（三）最佳买点：股价成功突破60日均线压制时，积极买进。

（四）风险控制：底部区域风险控制放宽至10%止损。

（五）实战训练：参见实战图谱114所示，短线严格按照技术要领操作。

【道破短线天机】实战图谱114

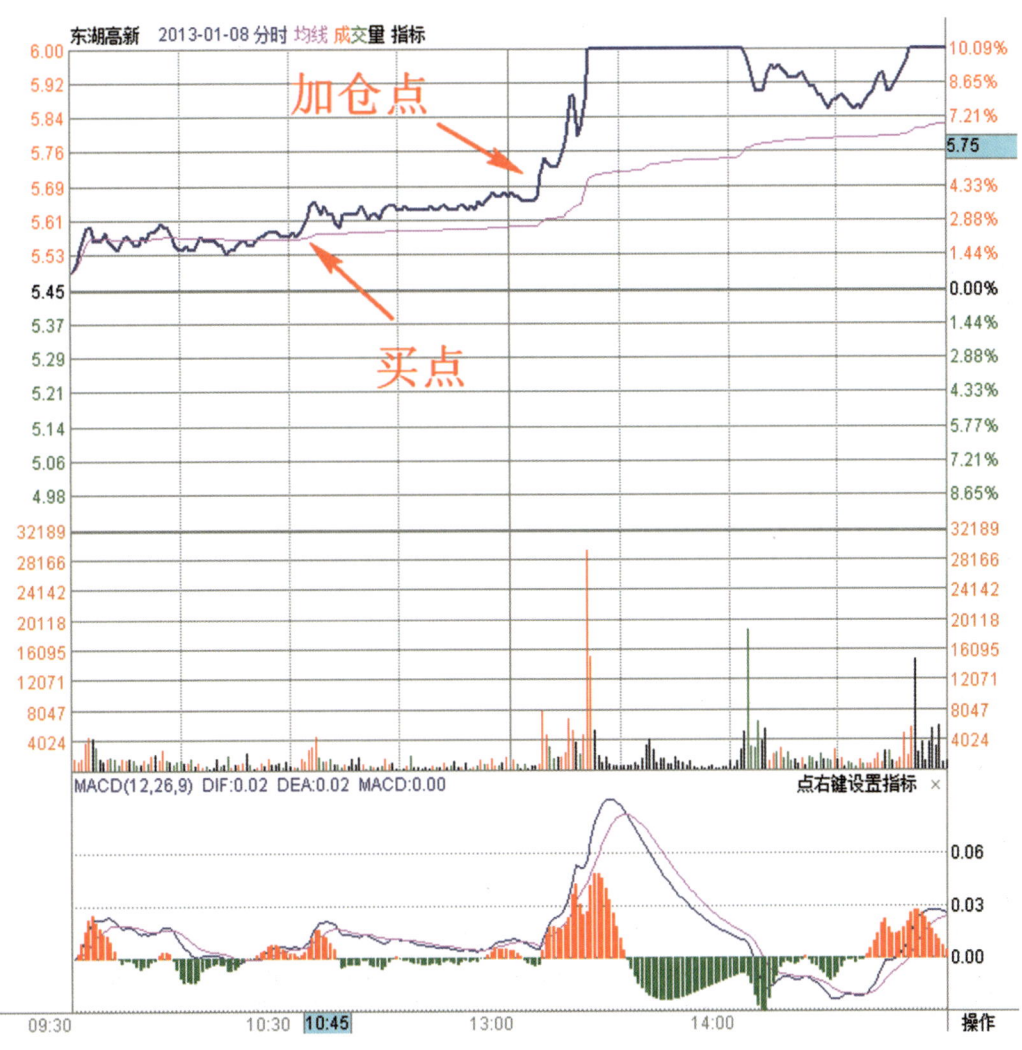

图例114　东湖高新（600133）盘口走势图谱

职业操盘手实训要点：

对照软件，认真观察实战图谱，把它们的走势特点写下来：

（1）空间位置：_____

（2）均线结构：_____

（3）量能结构：_____

（4）形态特征：_____

（5）操盘决策：_____

【道破短线天机】实战图谱115

图例115　百川股份（002455）日K线走势图谱

短线操盘策略分析：

（一）题材热点：涉低毒增塑剂概念，遭游资热炒概念。

（二）技术形态：股价位于双底形态的右侧颈线位置。短期均线金叉向上。

（三）最佳买点：股价站稳在5日均线时，可以短线积极进场。

（四）风险控制：底部区域风险控制放宽至10%止损。

（五）实战训练：参见实战图谱116所示，短线严格按照技术要领操作。

【道破短线天机】实战图谱 116

图例 116　百川股份（002455）盘口走势图谱

职业操盘手实训要点：

对照软件，认真观察实战图谱，把它们的走势特点写下来：

（1）空间位置：_____

（2）均线结构：_____

（3）量能结构：_____

（4）形态特征：_____

（5）操盘决策：_____

【道破短线天机】实战图谱117

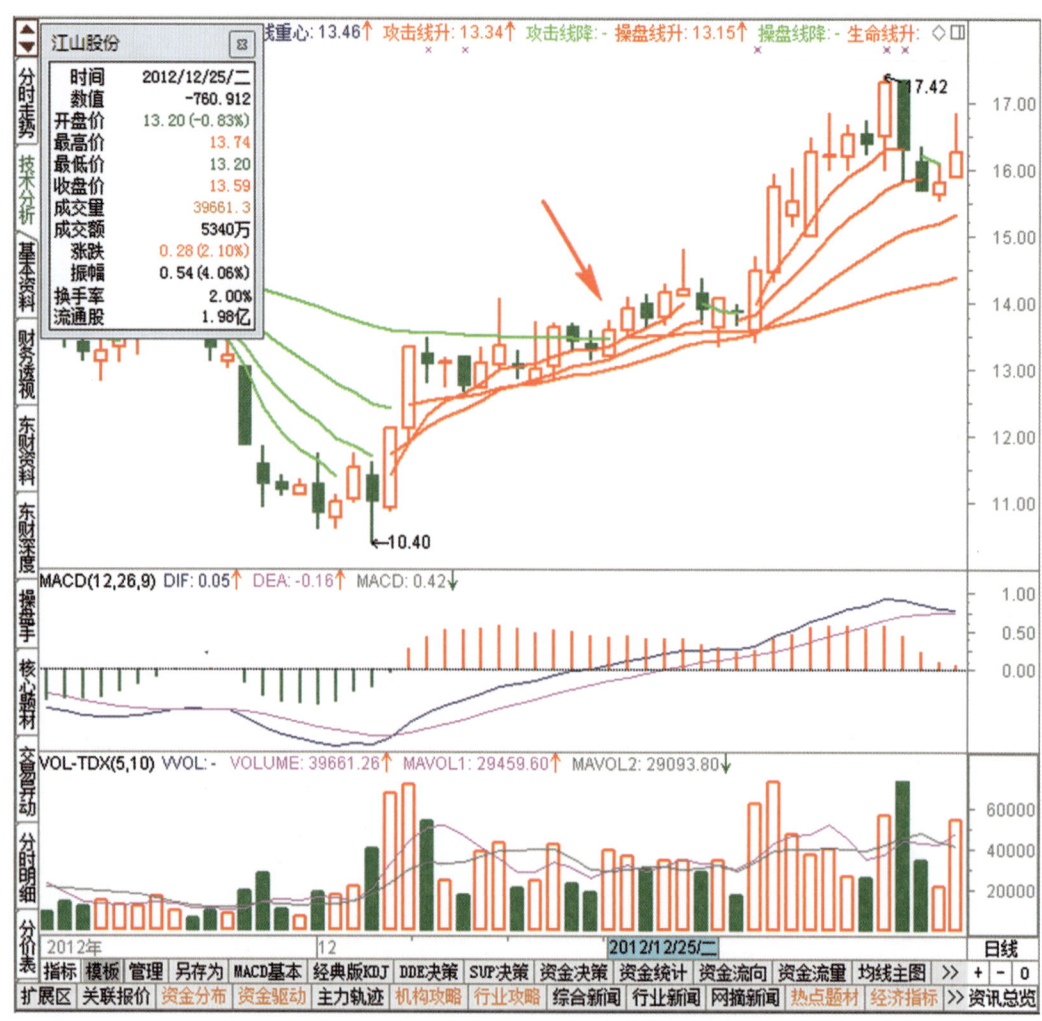

图例117　江山股份（600389）日K线走势图谱

短线操盘策略分析：

（一）题材热点：一号文件概念，综合农药概念。

（二）技术形态：短期均线已经形成多头排列，即将突破60日均线。

（三）最佳买点：股价成功突破60日均线，回踩时积极买进。

（四）风险控制：底部区域风险控制放宽至10%止损。

（五）实战训练：参见实战图谱118所示，短线严格按照技术要领操作。

【道破短线天机】实战图谱 118

图例 118　江山股份（600389）盘口走势图谱

职业操盘手实训要点：

对照软件，认真观察实战图谱，把它们的走势特点写下来：

（1）空间位置：_____

（2）均线结构：_____

（3）量能结构：_____

（4）形态特征：_____

（5）操盘决策：_____

【道破短线天机】实战图谱119

图例119　大连圣亚（600593）日K线走势图谱

短线操盘策略分析：

（一）题材热点：国民旅游休闲概念，参股银行概念。

（二）技术形态：短期均线系统已经形成多头排列，即将向上突破决策线。

（三）最佳买点：突破60日均线之后，次日出现回踩时积极加仓买进。

（四）风险控制：底部区域风险控制放宽至10%止损。

（五）实战训练：参见实战图谱120所示，短线严格按照技术要领操作。

【道破短线天机】实战图谱 120

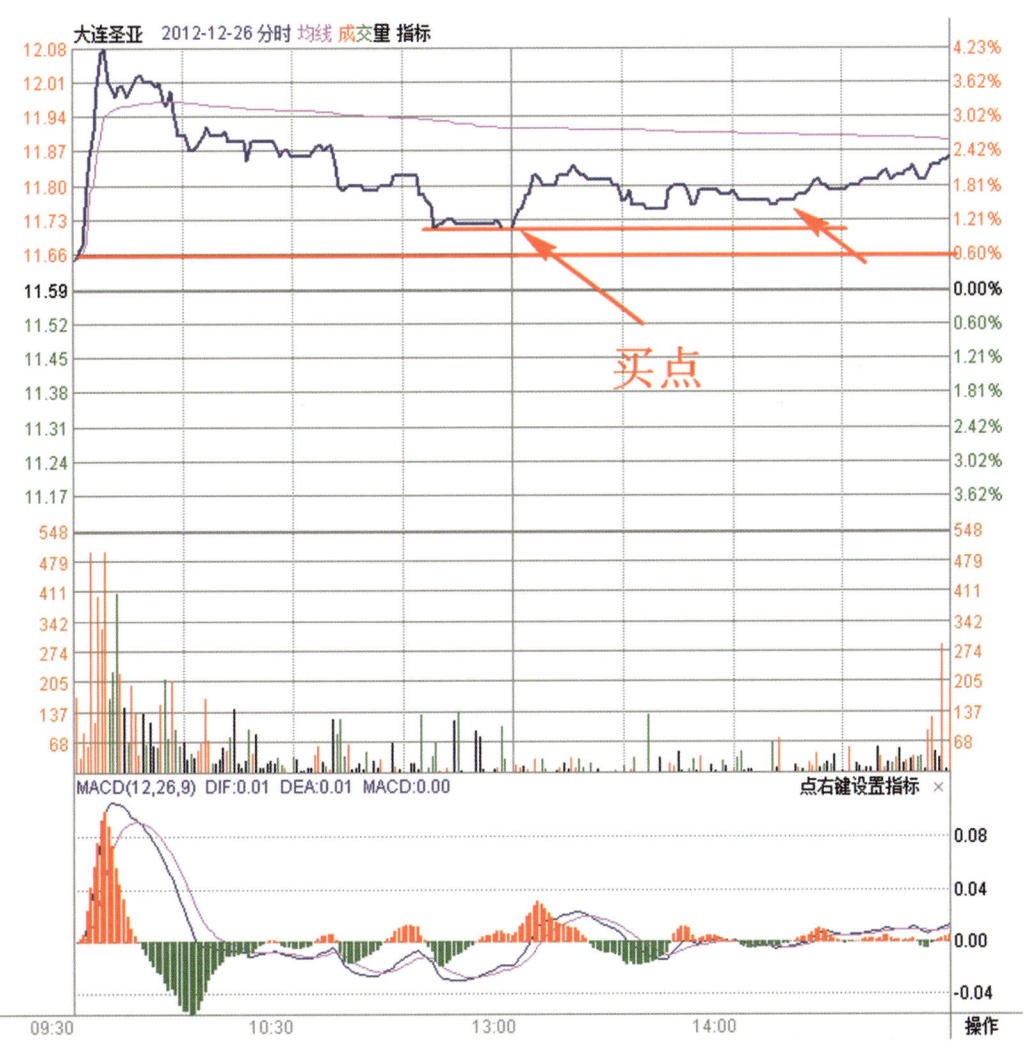

图例 120　大连圣亚（600593）盘口走势图谱

职业操盘手实训要点：

对照软件，认真观察实战图谱，把它们的走势特点写下来：

（1）空间位置：_____

（2）均线结构：_____

（3）量能结构：_____

（4）形态特征：_____

（5）操盘决策：_____

第三节　关键技术点位短线出击

【道破短线天机】实战图谱121

图例121　黑猫股份（002068）日K线走势图谱

短线操盘策略分析：

（一）题材热点：燃料油提价概念，化工原料涨价概念。

（二）技术形态：阶段性底部，短期均线系统已经多头排列。

（三）最佳买点：成功站稳在决策线上方的时候，逢低点买进。

（四）风险控制：底部区域风险控制放宽至10%止损。

（五）实战训练：参见实战图谱122所示，短线严格按照技术要领操作。

【道破短线天机】实战图谱122

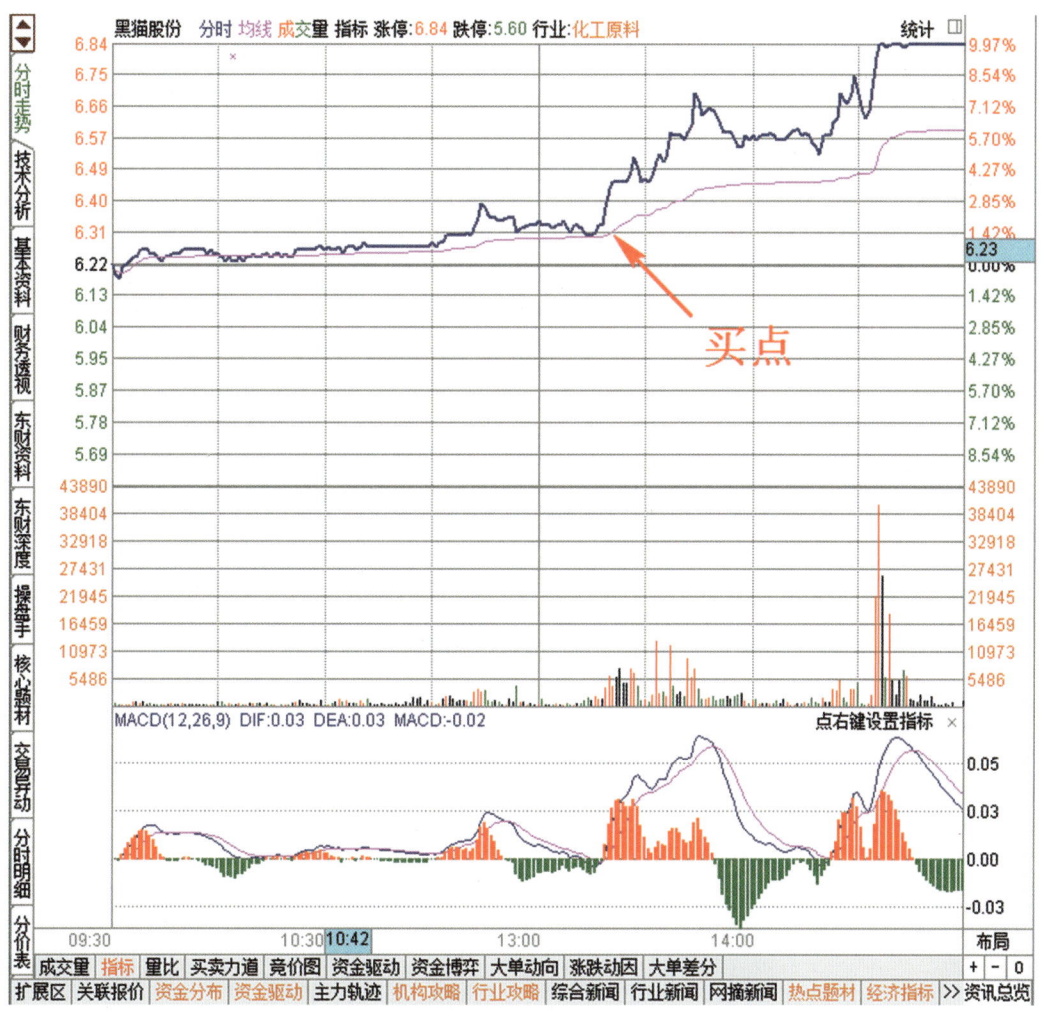

图例122　黑猫股份（002068）盘口走势图谱

职业操盘手实训要点：

对照软件，认真观察实战图谱，把它们的走势特点写下来：

（1）空间位置：_____

（2）均线结构：_____

（3）量能结构：_____

（4）形态特征：_____

（5）操盘决策：_____

【道破短线天机】实战图谱123

图例123　大众公用（600635）日K线走势图谱

短线操盘策略分析：

（一）题材热点：西气东输概念，参股保险概念。

（二）技术形态：短中期均线系统呈现为多头排列，股价在生命线附近企稳。

（三）最佳买点：股价在生命线上方站稳的时候，可以积极进场。

（四）风险控制：底部区域风险控制放宽至10%止损。

（五）实战训练：参见实战图谱124所示，短线严格按照技术要领操作。

【道破短线天机】实战图谱 124

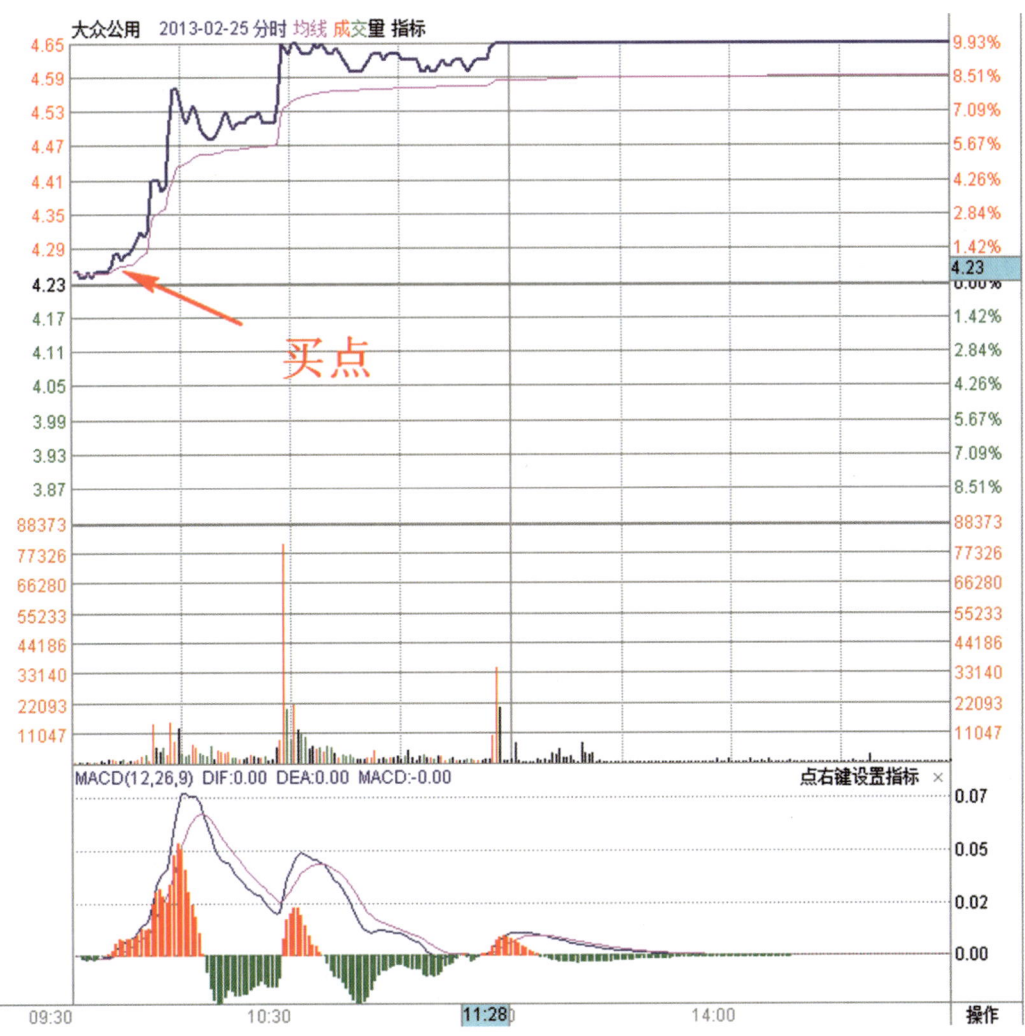

图例 124　大众公用（600635））盘口走势图谱

职业操盘手实训要点：

对照软件，认真观察实战图谱，把它们的走势特点写下来：

（1）空间位置：_____

（2）均线结构：_____

（3）量能结构：_____

（4）形态特征：_____

（5）操盘决策：_____

【道破短线天机】实战图谱125

图例125　南化股份（600301）日K线走势图谱

短线操盘策略分析：

（一）题材热点：烧碱行业准入制度概念股，液氯价格暴涨概念。

（二）技术形态：缩量整理到了末端，在60日均线上方站稳。

（三）最佳买点：股价在5日均线上方站稳的时候，积极进场。

（四）风险控制：底部区域风险控制放宽至10%止损。

（五）实战训练：参见实战图谱126所示，短线严格按照技术要领操作。

【道破短线天机】实战图谱 126

图例126　南化股份（600301）盘口走势图谱

职业操盘手实训要点：

对照软件，认真观察实战图谱，把它们的走势特点写下来：

（1）空间位置：_____

（2）均线结构：_____

（3）量能结构：_____

（4）形态特征：_____

（5）操盘决策：_____

【道破短线天机】实战图谱127

图例127　众合机电（000925）日K线走势图谱

短线操盘策略分析：

（一）题材热点：半导体节能材料概念，脱硫脱硝概念。

（二）技术形态：股价在60日均线附近站稳，结束调整迹象明显。

（三）最佳买点：股价有效站稳60日均线的时候，逢低点买进。

（四）风险控制：底部区域风险控制放宽至10%止损。

（五）实战训练：参见实战图谱128所示，短线严格按照技术要领操作。

【道破短线天机】实战图谱 128

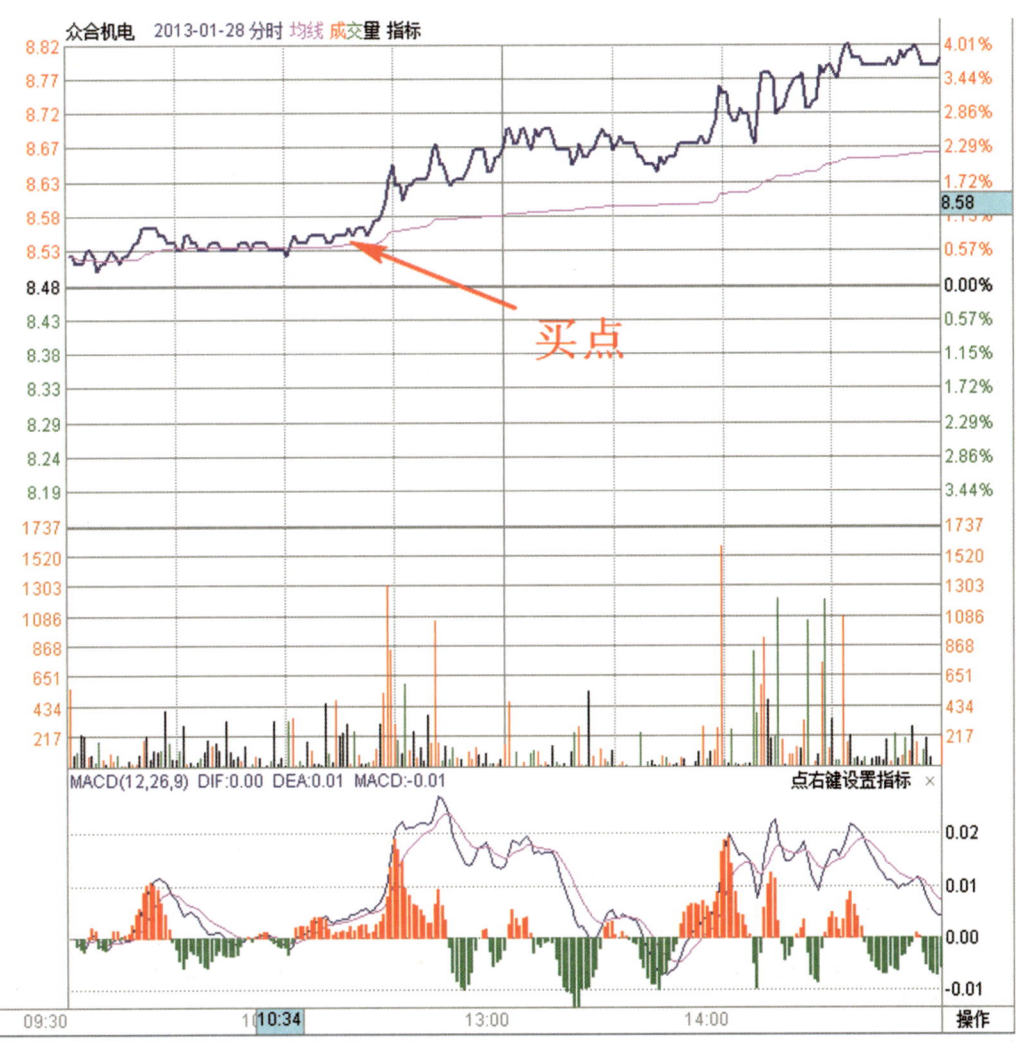

图例 128　众合机电（000925）盘口走势图谱

职业操盘手实训要点：

对照软件，认真观察实战图谱，把它们的走势特点写下来：

（1）空间位置：＿＿＿＿＿＿＿＿＿＿＿＿＿＿＿＿＿＿＿＿＿＿＿＿＿

（2）均线结构：＿＿＿＿＿＿＿＿＿＿＿＿＿＿＿＿＿＿＿＿＿＿＿＿＿

（3）量能结构：＿＿＿＿＿＿＿＿＿＿＿＿＿＿＿＿＿＿＿＿＿＿＿＿＿

（4）形态特征：＿＿＿＿＿＿＿＿＿＿＿＿＿＿＿＿＿＿＿＿＿＿＿＿＿

（5）操盘决策：＿＿＿＿＿＿＿＿＿＿＿＿＿＿＿＿＿＿＿＿＿＿＿＿＿

【道破短线天机】实战图谱129

图例129　辉煌科技（002296）日K线走势图谱

短线操盘策略分析：

（一）题材热点：安防服务概念，智能交通概念。

（二）技术形态：短期均线系统初步企稳，5日均线与10日均线金叉向上。

（三）最佳买点：股价站稳在5日均线上方的时候，积极介入。

（四）风险控制：底部区域风险控制放宽至10%止损。

（五）实战训练：参见实战图谱130所示，短线严格按照技术要领操作。

【道破短线天机】实战图谱 130

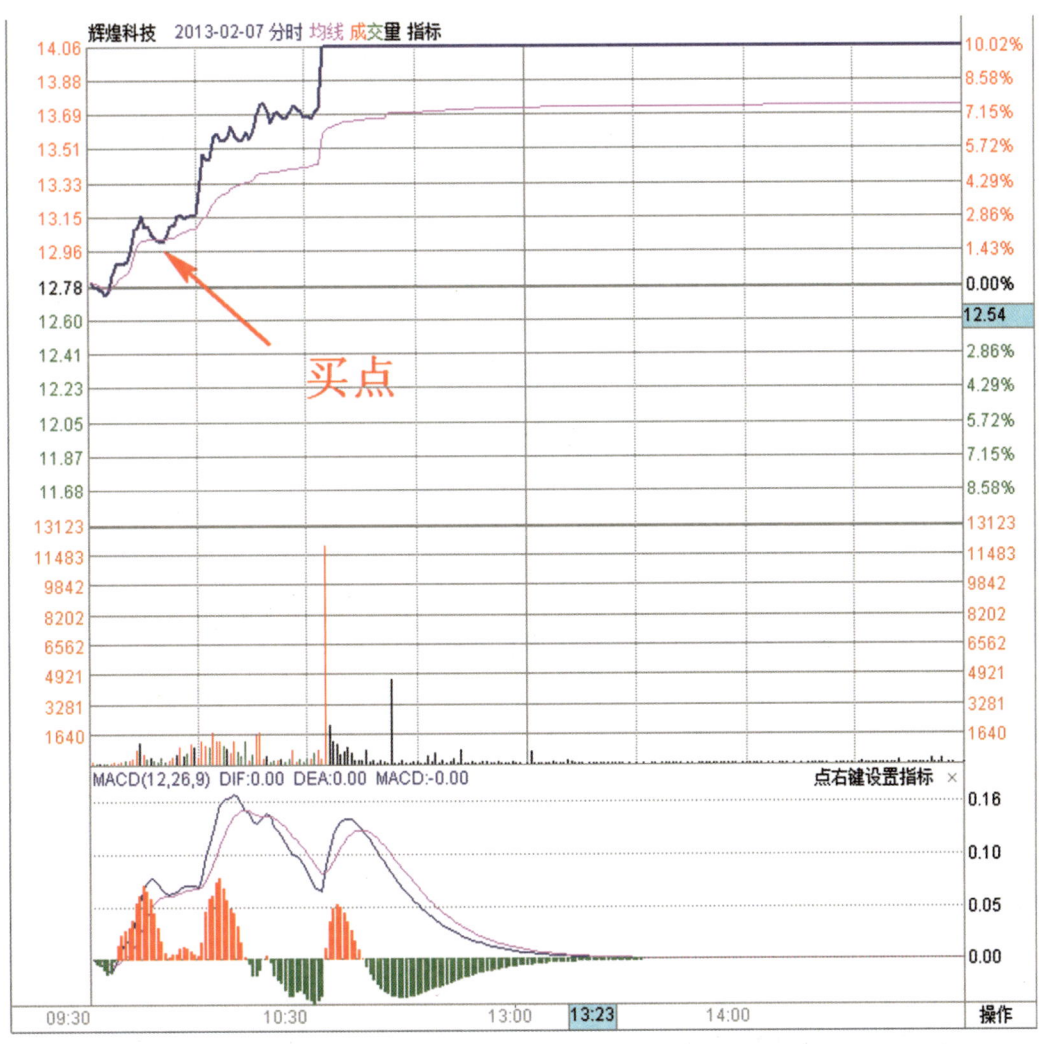

图例 130　辉煌科技（002296）盘口走势图谱

职业操盘手实训要点：

对照软件，认真观察实战图谱，把它们的走势特点写下来：

（1）空间位置：_____

（2）均线结构：_____

（3）量能结构：_____

（4）形态特征：_____

（5）操盘决策：_____

第四节 短线狙击腾飞点训练

【道破短线天机】实战图谱 131

图例131 法尔胜（000890）日K线走势图谱

短线操盘策略分析：

（一）题材热点：4D打印概念股，高温超导材料概念。

（二）技术形态：股价长时间横盘整理之后，在60日均线再次站稳。

（三）最佳买点：股价站稳60日均线的时候，选择低点进场。

（四）风险控制：底部区域风险控制放宽至10%止损。

（五）实战训练：参见实战图谱132所示，短线严格按照技术要领操作。

【道破短线天机】实战图谱 132

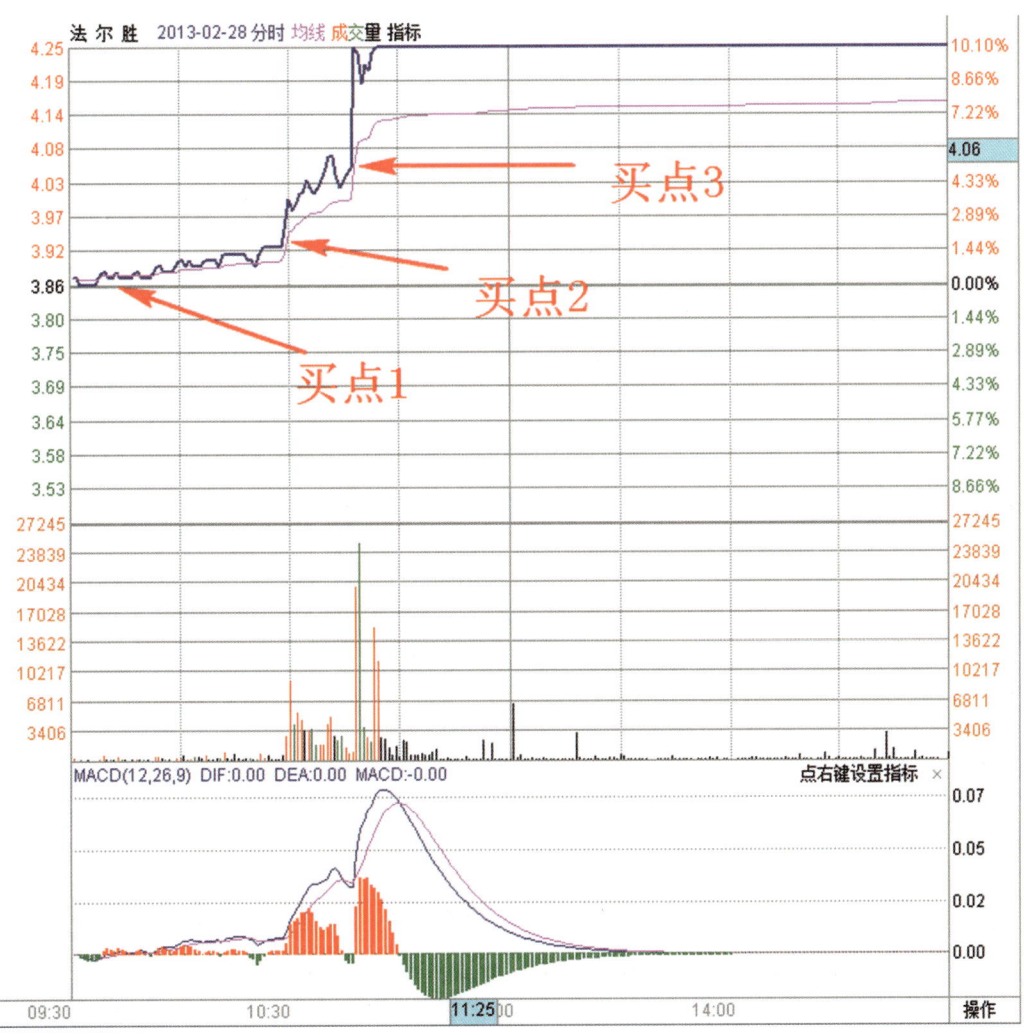

图例 132　法尔胜（000890）盘口走势图谱

职业操盘手实训要点：

对照软件，认真观察实战图谱，把它们的走势特点写下来：

（1）空间位置：_____

（2）均线结构：_____

（3）量能结构：_____

（4）形态特征：_____

（5）操盘决策：_____

【道破短线天机】实战图谱 133

图例 133 升达林业（002259）日 K 线走势图谱

短线操盘策略分析：

（一）题材热点：美丽中国概念，风沙治理概念。

（二）技术形态：股价运行在 60 日均线之上，回调之后再次站稳。

（三）最佳买点：股价站稳在 5 日均线上方，就是买入点。

（四）风险控制：底部区域风险控制放宽至 10% 止损。

（五）实战训练：参见实战图谱 134 所示，短线严格按照技术要领操作。

【道破短线天机】实战图谱134

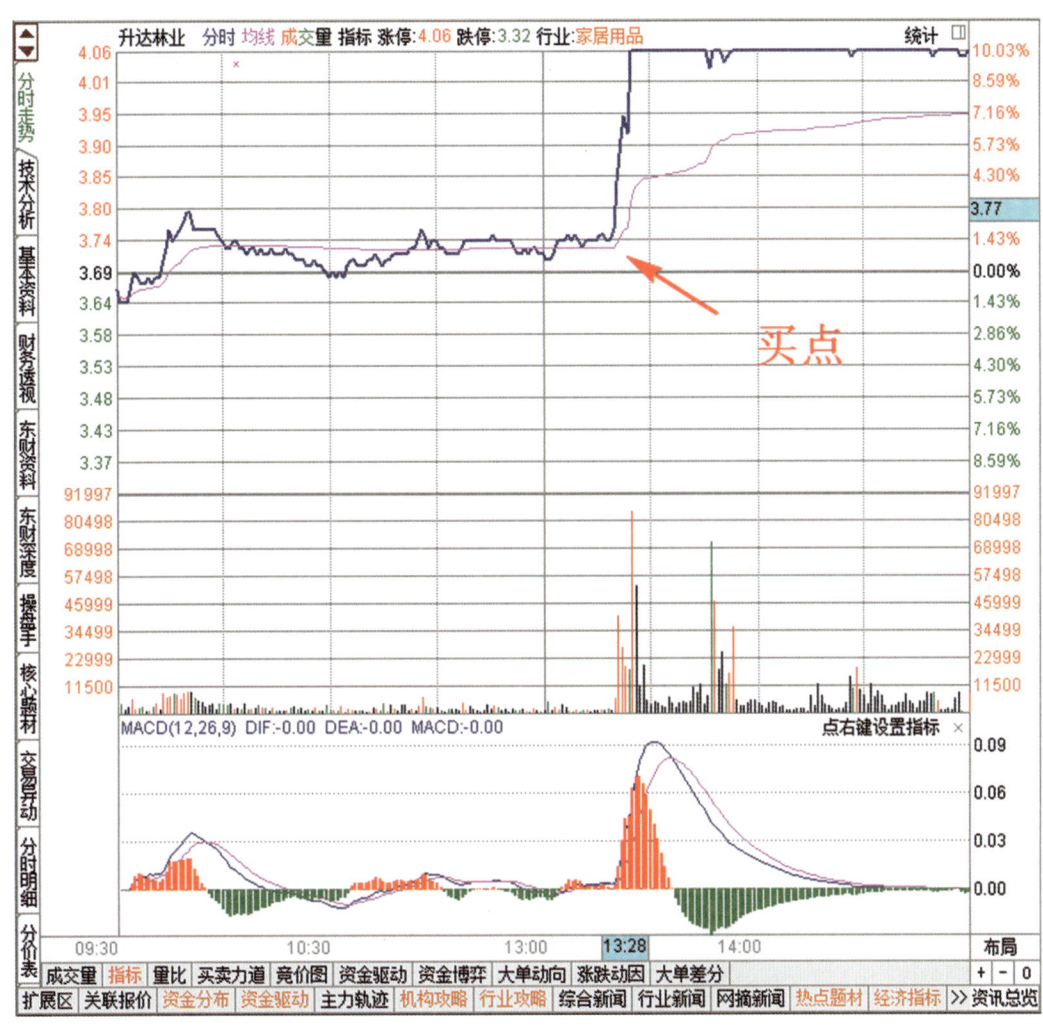

图例134 升达林业（002259）盘口走势图谱

职业操盘手实训要点：

对照软件，认真观察实战图谱，把它们的走势特点写下来：

（1）空间位置：_____

（2）均线结构：_____

（3）量能结构：_____

（4）形态特征：_____

（5）操盘决策：_____

【道破短线天机】实战图谱135

图例135　新疆天业（600075）日K线走势图谱

短线操盘策略分析：

（一）题材热点：西部大开发水利投资加速概念。

（二）技术形态：放量突破整理平台，腾飞的特征明显。

（三）最佳买点：今天量能释放过大，回调之后才是买入点。

（四）风险控制：底部区域风险控制放宽至10%止损。

（五）实战训练：参见实战图谱136所示，短线严格按照技术要领操作。

【道破短线天机】实战图谱136

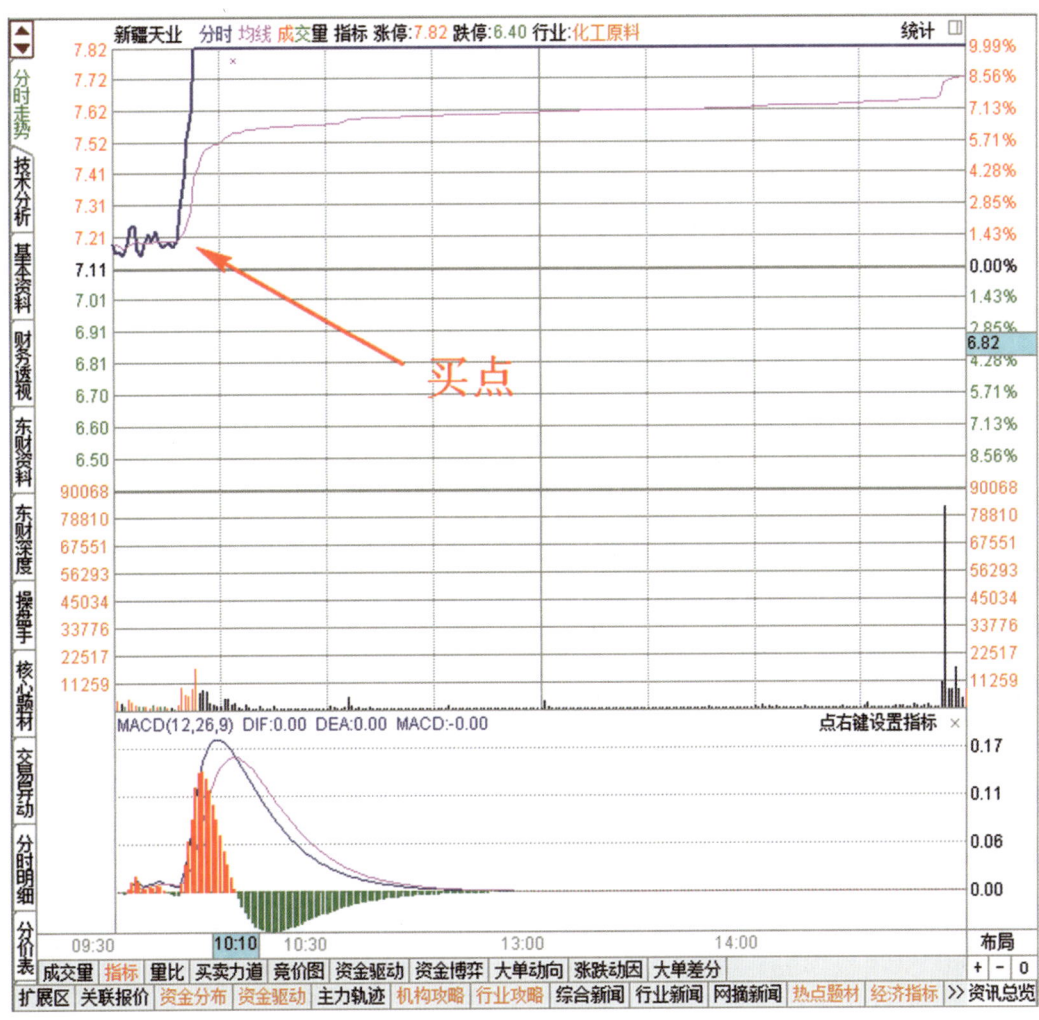

图例136　新疆天业（600075）盘口走势图谱

职业操盘手实训要点：

对照软件，认真观察实战图谱，把它们的走势特点写下来：

（1）空间位置：_____

（2）均线结构：_____

（3）量能结构：_____

（4）形态特征：_____

（5）操盘决策：_____

【道破短线天机】实战图谱 137

图例137　三特索道（002159）日K线走势图谱

短线操盘策略分析：

（一）题材热点：旅游休闲大力发展概念，举牌概念。

（二）技术形态：短期均线系统已经多头排列，60日均线即将突破。

（三）最佳买点：站稳在60日均线之上，就可以选择低点买进。

（四）风险控制：底部区域风险控制放宽至10%止损。

（五）实战训练：参见实战图谱138所示，短线严格按照技术要领操作。

【道破短线天机】实战图谱 138

图例138　三特索道（002159）盘口走势图谱

职业操盘手实训要点：

对照软件，认真观察实战图谱，把它们的走势特点写下来：

（1）空间位置：_____

（2）均线结构：_____

（3）量能结构：_____

（4）形态特征：_____

（5）操盘决策：_____

【道破短线天机】实战图谱 139

图例 139　聚龙股份（300202）日 K 线走势图谱

短线操盘策略分析：

（一）题材热点：新兴产业示范区概念，专利技术概念。

（二）技术形态：均线系统明显处于多头排列，第三波拉升迹象显著。

（三）最佳买点：盘中选择低点买进，可以大仓位超短线参与。

（四）风险控制：底部区域风险控制放宽至 10% 止损。

（五）实战训练：参见实战图谱 140 所示，短线严格按照技术要领操作。

【道破短线天机】实战图谱 140

图例 140 聚龙股份（300202）盘口走势图谱

职业操盘手实训要点：

对照软件，认真观察实战图谱，把它们的走势特点写下来：

（1）空间位置：_____

（2）均线结构：_____

（3）量能结构：_____

（4）形态特征：_____

（5）操盘决策：_____

第五节 短线狙击伏击圈训练

【道破短线天机】实战图谱 141

图例141 福建金森（002679）日K线走势图谱

短线操盘策略分析：

（一）题材热点：美丽中国概念，业绩预增概念。

（二）技术形态：回调挖坑，在60日均线上方获得支撑。

（三）最佳买点：股价站稳60日均线，就可以大仓位进场。

（四）风险控制：底部区域风险控制放宽至10%止损。

（五）实战训练：参见实战图谱142所示，短线严格按照技术要领操作。

【道破短线天机】实战图谱 142

图例 142　福建金森（002679）盘口走势图谱

职业操盘手实训要点：

对照软件，认真观察实战图谱，把它们的走势特点写下来：

(1) 空间位置：_____

(2) 均线结构：_____

(3) 量能结构：_____

(4) 形态特征：_____

(5) 操盘决策：_____

【道破短线天机】实战图谱 143

图例 143　盛路通信（002446）日 K 线走势图谱

短线操盘策略分析：

（一）题材热点：北斗产业概念股，城市无线化概念股。

（二）技术形态：短中期均线多头排列，短期调整已经到位。

（三）最佳买点：股价站稳 10 日均线时积极买进。

（四）风险控制：底部区域风险控制放宽至 10% 止损。

（五）实战训练：参见实战图谱 144 所示，短线严格按照技术要领操作。

【道破短线天机】实战图谱144

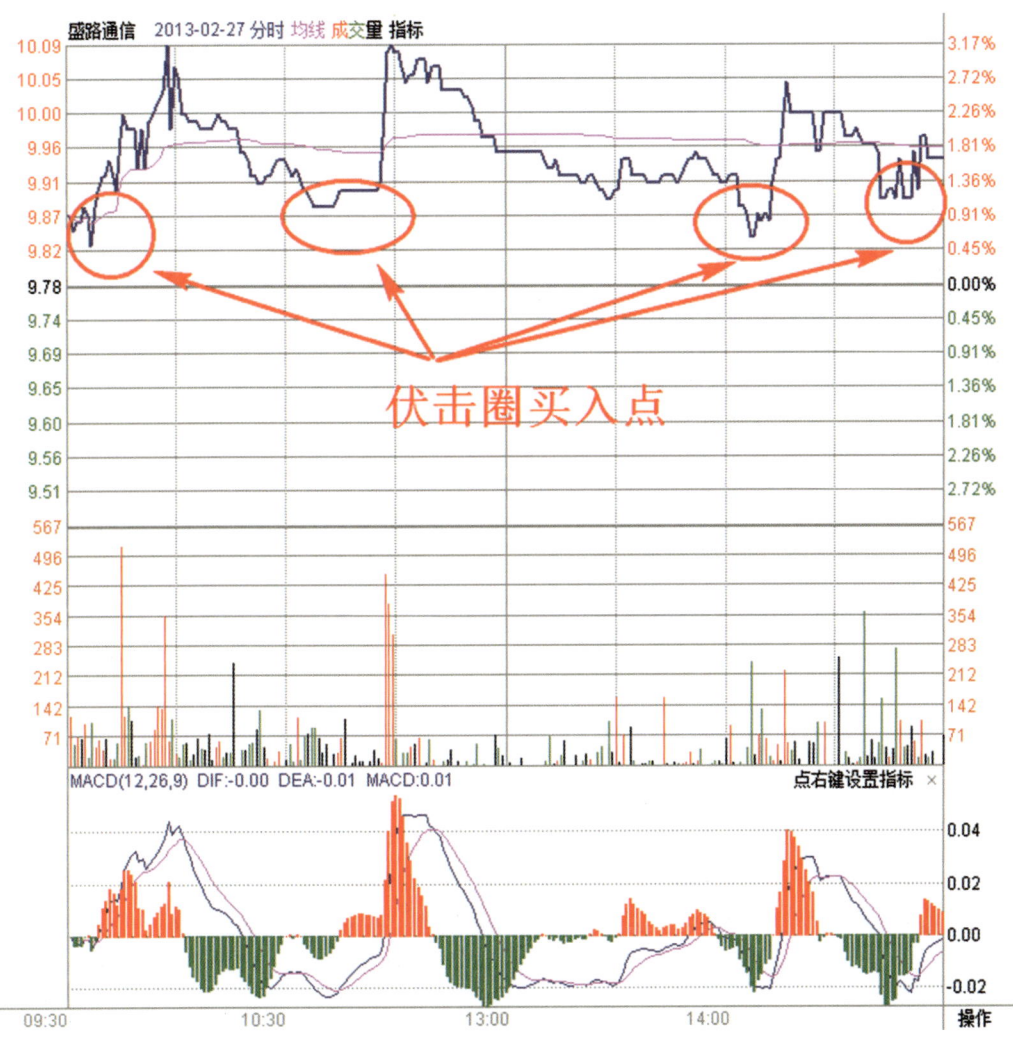

图例144　盛路通信（002446）盘口走势图谱

职业操盘手实训要点：

对照软件，认真观察实战图谱，把它们的走势特点写下来：

（1）空间位置：_____

（2）均线结构：_____

（3）量能结构：_____

（4）形态特征：_____

（5）操盘决策：_____

【道破短线天机】实战图谱 145

图例 145　欧菲光（002456）日 K 线走势图谱

短线操盘策略分析：

（一）题材热点：柔性光电技术概念，全球智能化概念。

（二）技术形态：前边经过两波拉升之后，再次回调到空盘均线附近。

（三）最佳买点：股价只要站稳在 60 日均线上方，就可以寻找低点买进。

（四）风险控制：底部区域风险控制放宽至 10% 止损。

（五）实战训练：参见实战图谱 146 所示，短线严格按照技术要领操作。

【道破短线天机】 实战图谱 146

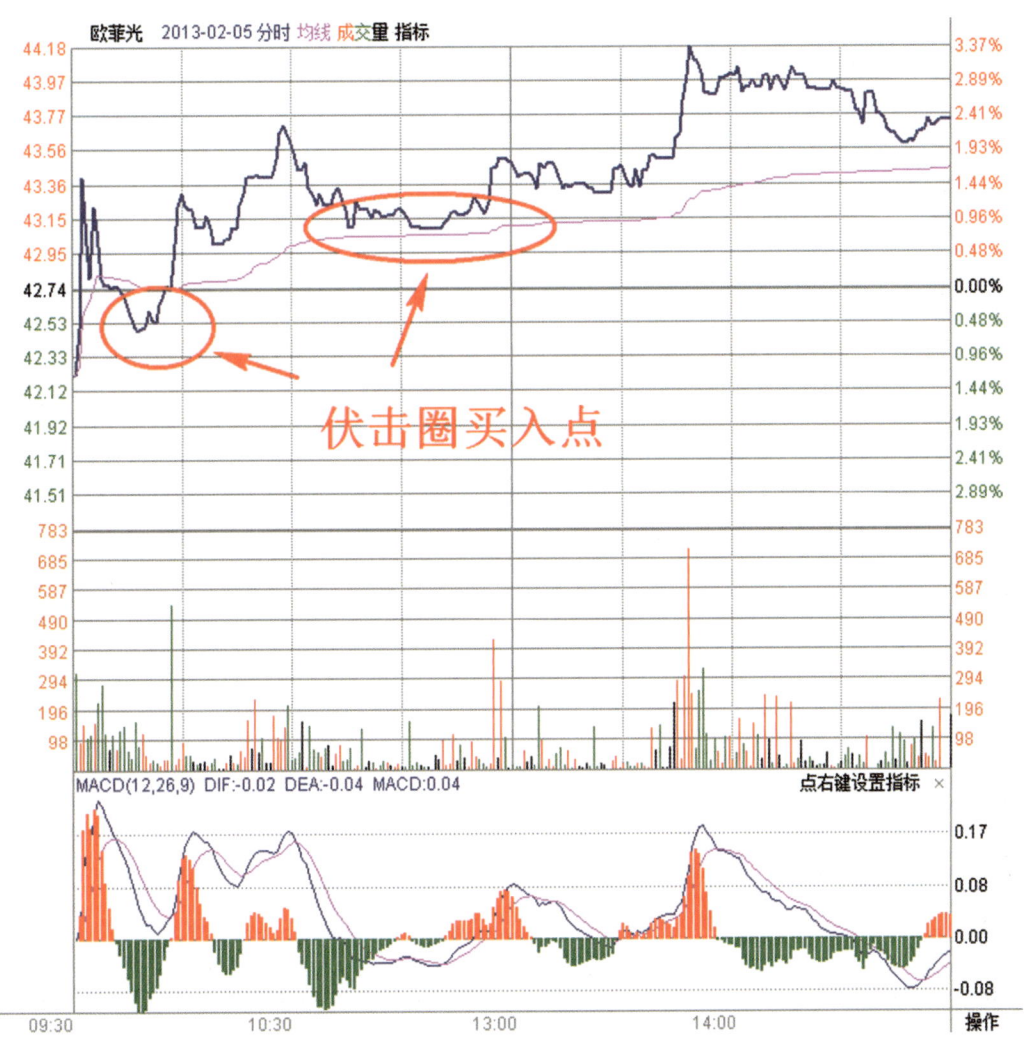

图例 146　欧菲光（002456）盘口走势图谱

职业操盘手实训要点：

对照软件，认真观察实战图谱，把它们的走势特点写下来：

（1）空间位置：_____

（2）均线结构：_____

（3）量能结构：_____

（4）形态特征：_____

（5）操盘决策：_____

【道破短线天机】实战图谱147

图例147　珠江钢琴（002678）日K线走势图谱

短线操盘策略分析：

（一）题材热点：高送转概念，文化中国概念。

（二）技术形态：短期均线已经明显多头排列，趋势向上特征明显。

（三）最佳买点：股价站稳在10日均线上方的时候，可以积极进场。

（四）风险控制：底部区域风险控制放宽至10%止损。

（五）实战训练：参见实战图谱148所示，短线严格按照技术要领操作。

【道破短线天机】实战图谱148

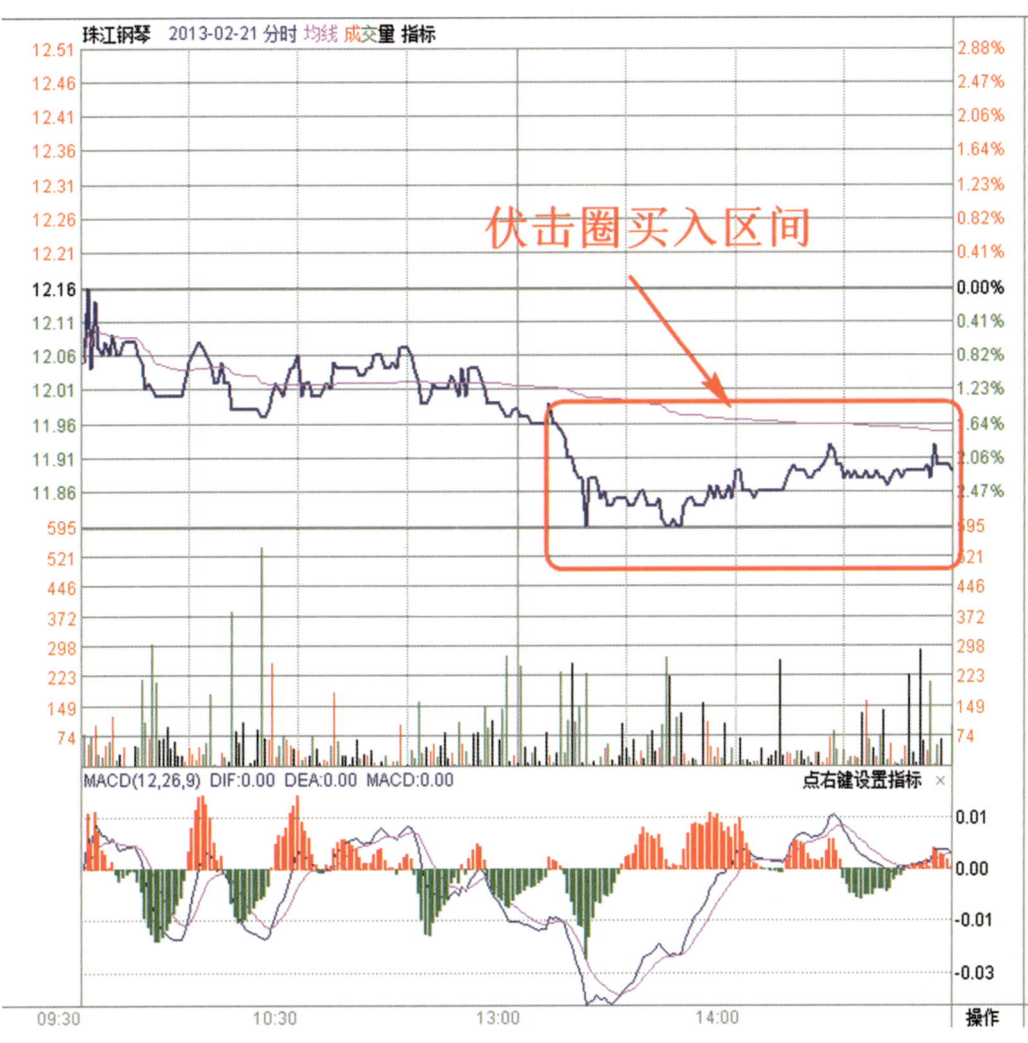

图例148　珠江钢琴（002678）盘口走势图谱

职业操盘手实训要点：

对照软件，认真观察实战图谱，把它们的走势特点写下来：

（1）空间位置：_____

（2）均线结构：_____

（3）量能结构：_____

（4）形态特征：_____

（5）操盘决策：_____

【道破短线天机】实战图谱149

图例149 双成药业（002693）日K线走势图谱

短线操盘策略分析：

（一）题材热点：糖尿病主要药品概念，化学合成多肽类概念。

（二）技术形态：起涨点出现后回落整理，在关键技术点位上初步站稳。

（三）最佳买点：股价站稳在60日均线上方的时候，选择低点买进。

（四）风险控制：底部区域风险控制放宽至10%止损。

（五）实战训练：参见实战图谱150所示，短线严格按照技术要领操作。

【道破短线天机】实战图谱 150

图例 150　双成药业（002693）盘口走势图谱

职业操盘手实训要点：

对照软件，认真观察实战图谱，把它们的走势特点写下来：

（1）空间位置：＿＿＿＿＿＿＿＿＿＿＿＿＿＿＿＿＿＿＿＿＿＿＿

（2）均线结构：＿＿＿＿＿＿＿＿＿＿＿＿＿＿＿＿＿＿＿＿＿＿＿

（3）量能结构：＿＿＿＿＿＿＿＿＿＿＿＿＿＿＿＿＿＿＿＿＿＿＿

（4）形态特征：＿＿＿＿＿＿＿＿＿＿＿＿＿＿＿＿＿＿＿＿＿＿＿

（5）操盘决策：＿＿＿＿＿＿＿＿＿＿＿＿＿＿＿＿＿＿＿＿＿＿＿

第六节 短线狙击超跌反弹

【道破短线天机】实战图谱 151

图例 151　丰林集团（601996）日 K 线走势图谱

短线操盘策略分析：

（一）题材热点：森林碳汇概念，美丽中国概念。

（二）技术形态：股价位于双底形态的的颈线位，向上突破概率大。

（三）最佳买点：当天站稳 10 日均线时买进，次日回调不破 10 日均线加仓。

（四）风险控制：底部区域风险控制放宽至 10% 止损。

（五）实战训练：参见实战图谱 152 所示，短线严格按照技术要领操作。

【道破短线天机】实战图谱 152

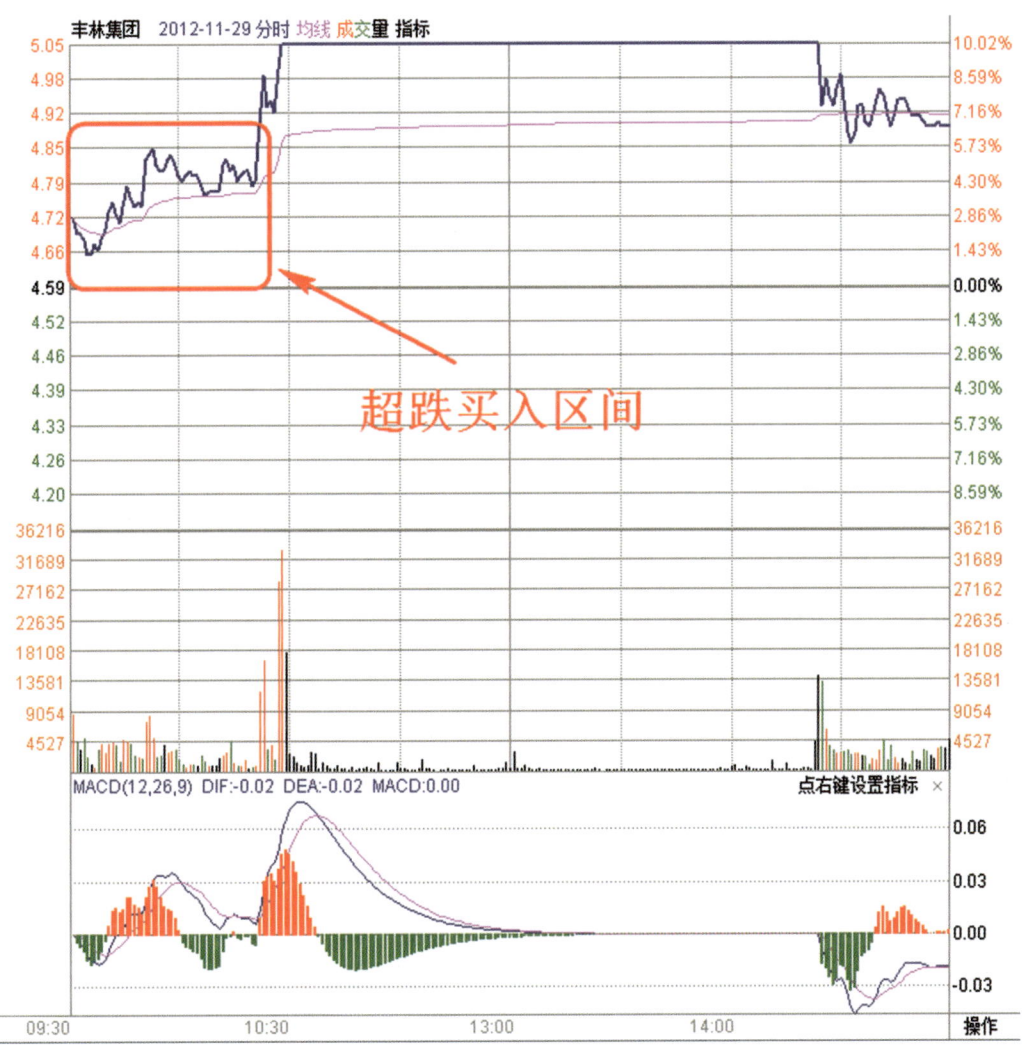

图例 152　丰林集团（601996）盘口走势图谱

职业操盘手实训要点：

对照软件，认真观察实战图谱，把它们的走势特点写下来：

（1）空间位置：＿＿＿＿＿＿＿＿＿＿＿＿＿＿＿＿＿＿＿＿＿＿

（2）均线结构：＿＿＿＿＿＿＿＿＿＿＿＿＿＿＿＿＿＿＿＿＿＿

（3）量能结构：＿＿＿＿＿＿＿＿＿＿＿＿＿＿＿＿＿＿＿＿＿＿

（4）形态特征：＿＿＿＿＿＿＿＿＿＿＿＿＿＿＿＿＿＿＿＿＿＿

（5）操盘决策：＿＿＿＿＿＿＿＿＿＿＿＿＿＿＿＿＿＿＿＿＿＿

【道破短线天机】实战图谱153

图例153 中原特钢（002423）日K线走势图谱

短线操盘策略分析：

（一）题材热点：核动力船舶立项概念，航母概念。

（二）技术形态：前期低位附近出现吞没形态，止跌信号。

（三）最佳买点：收盘站稳在5日均线时买进，次日逢低点加仓。

（四）风险控制：底部区域风险控制放宽至10%止损。

（五）实战训练：参见实战图谱154所示，短线严格按照技术要领操作。

【道破短线天机】实战图谱 154

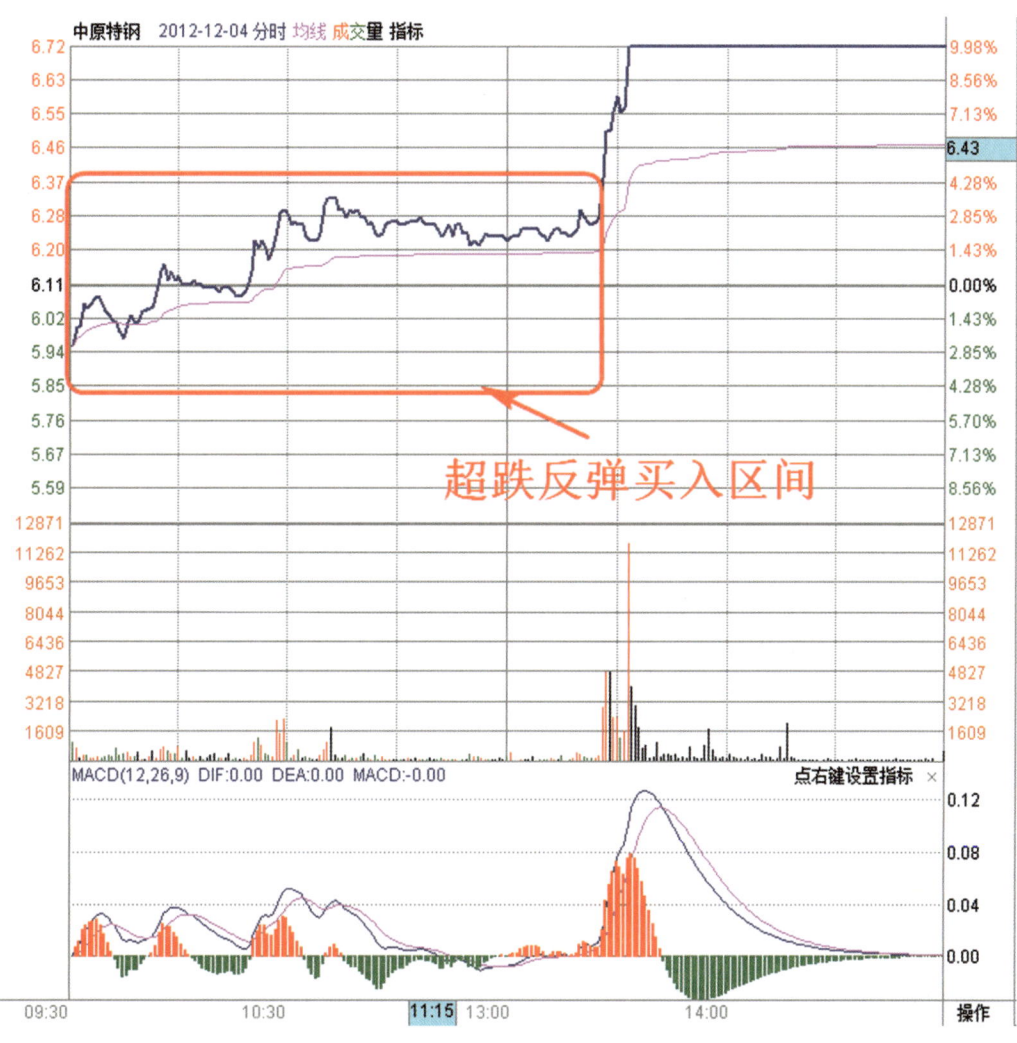

图例 154　中原特钢（002423）盘口走势图谱

职业操盘手实训要点：

对照软件，认真观察实战图谱，把它们的走势特点写下来：

（1）空间位置：_____

（2）均线结构：_____

（3）量能结构：_____

（4）形态特征：_____

（5）操盘决策：_____

【道破短线天机】实战图谱155

图例155　罗顿发展（600209）日K线走势图谱

短线操盘策略分析：

（一）题材热点：三沙概念，农村集体土地流转概念。

（二）技术形态：前期低点伏击站稳，大阳线低位穿越5日均线。

（三）最佳买点：股价站稳5日均线之上的时候买进，积极进场。

（四）风险控制：底部区域风险控制放宽至10%止损。

（五）实战训练：参见实战图谱156所示，短线严格按照技术要领操作。

【道破短线天机】实战图谱 156

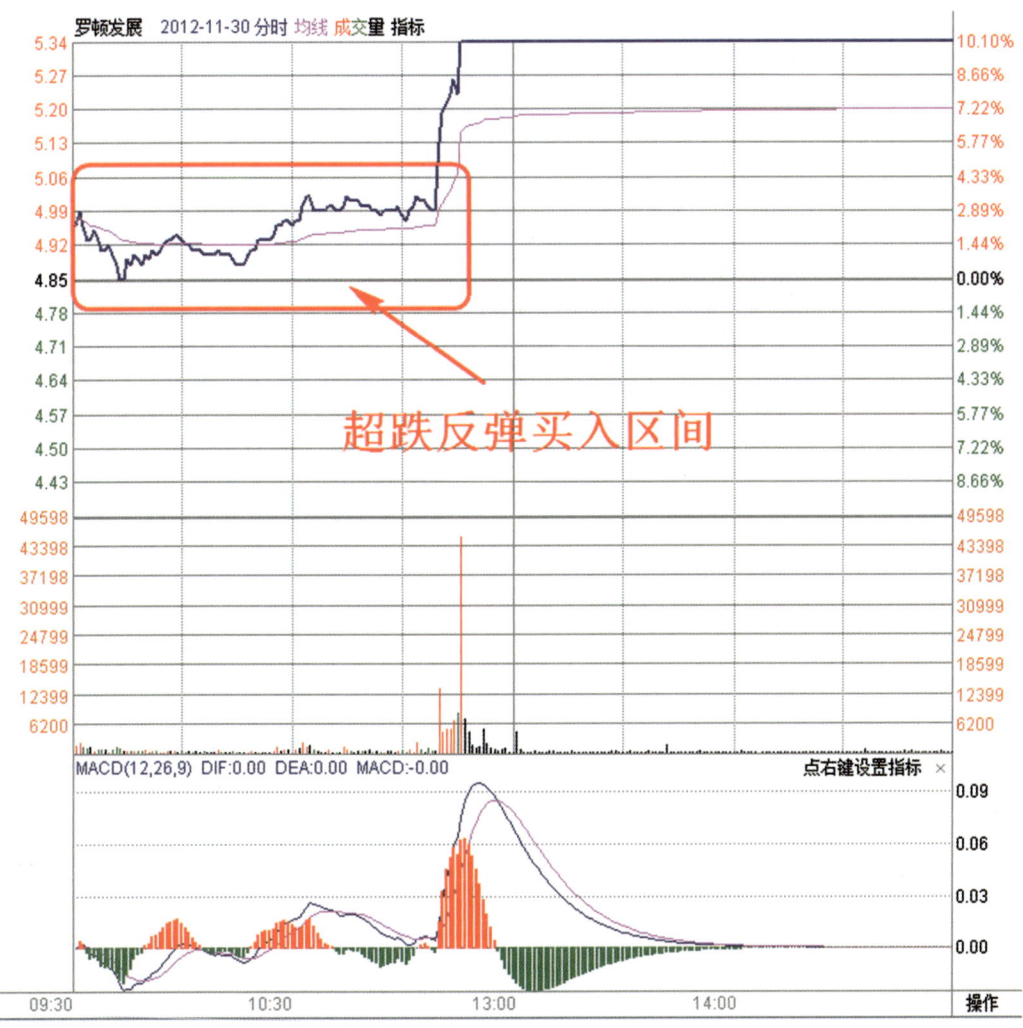

图例 156 罗顿发展（600209）盘口走势图谱

职业操盘手实训要点：

对照软件，认真观察实战图谱，把它们的走势特点写下来：

（1）空间位置：＿＿＿＿＿＿＿＿＿＿＿＿＿＿＿＿＿＿＿＿＿＿＿＿＿＿

（2）均线结构：＿＿＿＿＿＿＿＿＿＿＿＿＿＿＿＿＿＿＿＿＿＿＿＿＿＿

（3）量能结构：＿＿＿＿＿＿＿＿＿＿＿＿＿＿＿＿＿＿＿＿＿＿＿＿＿＿

（4）形态特征：＿＿＿＿＿＿＿＿＿＿＿＿＿＿＿＿＿＿＿＿＿＿＿＿＿＿

（5）操盘决策：＿＿＿＿＿＿＿＿＿＿＿＿＿＿＿＿＿＿＿＿＿＿＿＿＿＿

【道破短线天机】实战图谱157

图例157　东土科技（300353）日K线走势图谱

短线操盘策略分析：

（一）题材热点：光纤入户概念，智能城市概念。

（二）技术形态：挖坑之后，出现明显的止跌信号，初步企稳。

（三）最佳买点：股价站稳在5日均线上方的时候，积极进场。

（四）风险控制：底部区域风险控制放宽至10%止损。

（五）实战训练：参见实战图谱158所示，短线严格按照技术要领操作。

【道破短线天机】实战图谱 158

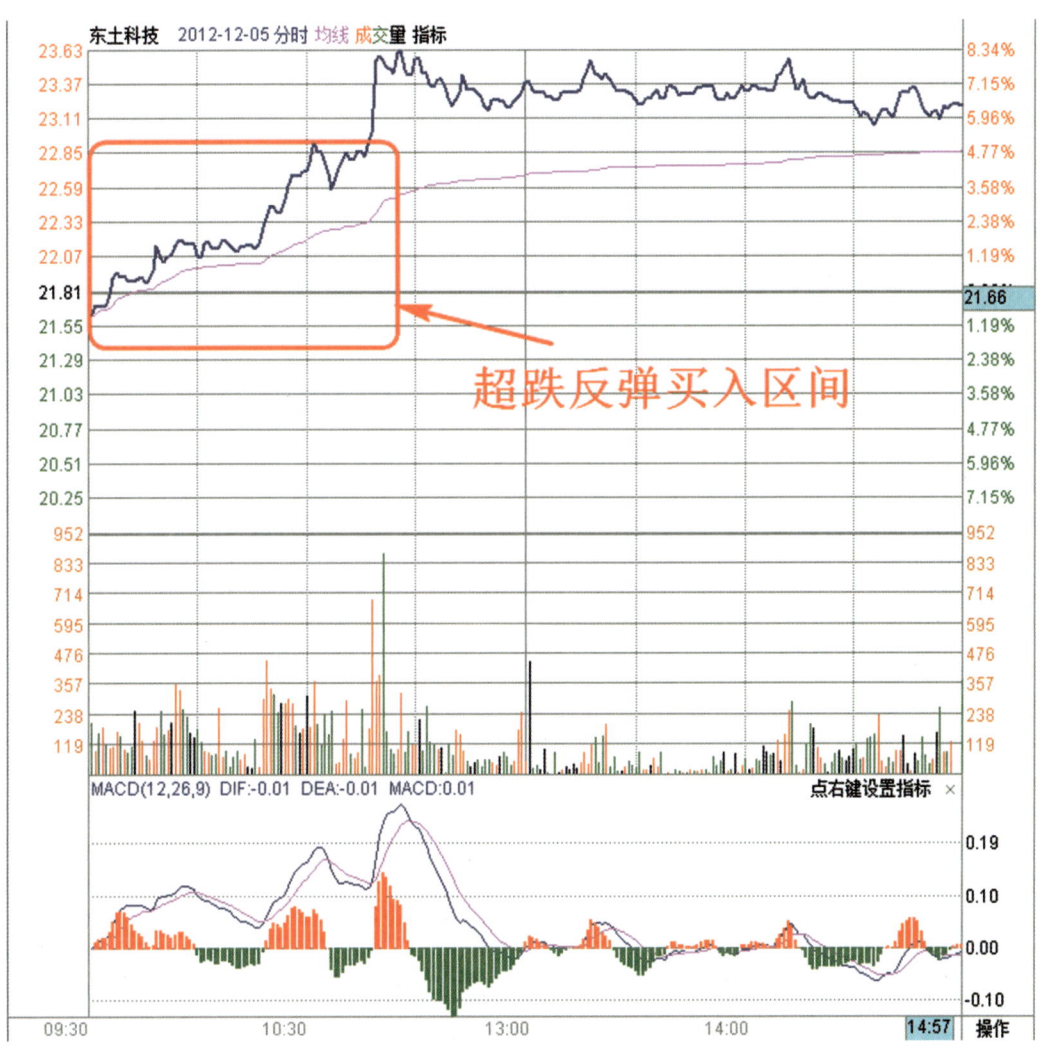

图例 158　东土科技（300353）盘口走势图谱

职业操盘手实训要点：

对照软件，认真观察实战图谱，把它们的走势特点写下来：

（1）空间位置：_____

（2）均线结构：_____

（3）量能结构：_____

（4）形态特征：_____

（5）操盘决策：_____

【道破短线天机】实战图谱159

图例159　西藏旅游（600749）日K线走势图谱

短线操盘策略分析：

（一）题材热点：体育用品经营概念，旅游休闲概念。

（二）技术形态：股价在低位构筑早晨之星，属于短线止跌信号。

（三）最佳买点：股价站稳在5日均线上方的时候，积极进场。

（四）风险控制：底部区域风险控制放宽至10%止损。

（五）实战训练：参见实战图谱160所示，短线严格按照技术要领操作。

【道破短线天机】实战图谱160

图例160 西藏旅游（600749）盘口走势图谱

职业操盘手实训要点：

对照软件，认真观察实战图谱，把它们的走势特点写下来：

（1）空间位置：_____

（2）均线结构：_____

（3）量能结构：_____

（4）形态特征：_____

（5）操盘决策：_____

第八章
短线实战案例

第一节　短线狙击冠豪高新（600433）

【道破短线天机】实战图谱161

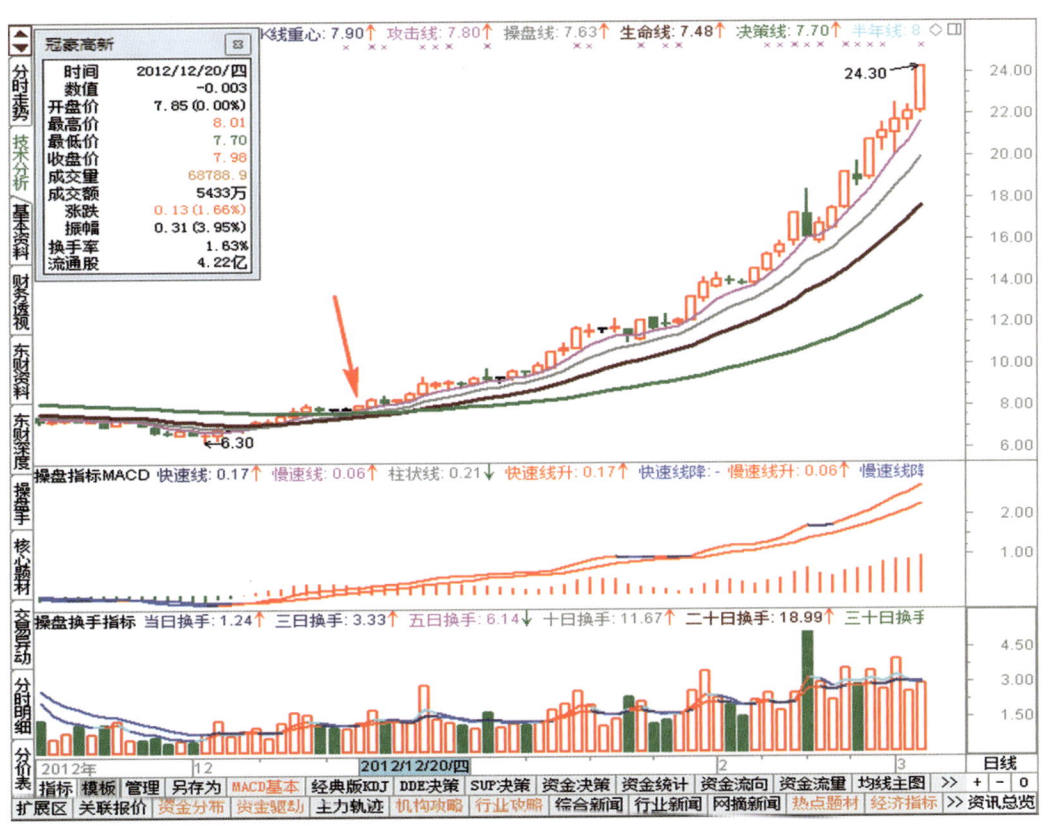

图例161　冠豪高新（600433）日K线走势图谱

短线操盘策略分析：

（一）题材热点：油页岩概念，三旧改造概念。

（二）技术形态：股价在低位成功突破均线压制，属于大行情启动。

（三）最佳买点：股价站稳在5日均线上方的时候，积极进场。

（四）风险控制：底部区域风险控制放宽至10%止损。

（五）实战训练：参见实战图谱162所示，短线严格按照技术要领操作。

【道破短线天机】实战图谱162

图例162　冠豪高新（600433）盘口走势图谱

职业操盘手实训要点：

对照软件，认真观察实战图谱，把它们的走势特点写下来：

（1）空间位置：今天的位置处于相对低位，启动迹象明显。

（2）均线结构：日线均线多头排列，即时图均价线向上延伸。

（3）量能结构：量峰萎缩极其严重，说明筹码已经高度集中。

（4）形态特征：股价站稳在决策线之上，大波段行情正式启动。

（5）操盘决策：分时图低点不断上移，积极买进，逢低加仓。

【道破短线天机】实战图谱163

图例163　冠豪高新（600433）盘口走势图谱

职业操盘手实训要点：

对照软件，认真观察实战图谱，把它们的走势特点写下来：

（1）空间位置：从日线图上来看，处于拉升的初期。

（2）均线结构：短期均线系统处于多头排列，趋势良好。

（3）量能结构：成交量显示出缩量的特征，筹码稳定。

（4）形态特征：分时图显示出震荡回落，洗盘态势。

（5）操盘决策：早盘垂直冲高时减仓，尾盘选择低点回补。

【道破短线天机】实战图谱 164

图例164　冠豪高新（600433）盘口走势图谱

职业操盘手实训要点：

对照软件，认真观察实战图谱，把它们的走势特点写下来：

（1）空间位置：股价拉升至此，已经触及前边的高点，有整理要求。

（2）均线结构：均线结构呈现为非常标准的上升趋势，支持上涨。

（3）量能结构：今天早上的走势放量明显，有减仓的迹象。

（4）形态特征：分时图上呈现为冲高回落态势，近期可能整理。

（5）操盘决策：上午第二时间段冲高时，大幅度减仓，回笼资金。

【道破短线天机】实战图谱 165

图例 165　冠豪高新（600433）盘口走势图谱

职业操盘手实训要点：

对照软件，认真观察实战图谱，把它们的走势特点写下来：

（1）空间位置：近日面临前期高点套牢盘的抛压，需要进一步消化压力。

（2）均线结构：三日均线出现短暂的淤滞，表明短期内拉升动力趋缓。

（3）量能结构：成交量表现为萎缩性均衡量，说明筹码稳定性良好。

（4）形态特征：分时图早盘呈现为瀑布式下挫，貌似吓人，但不破操盘线。

（5）操盘决策：根据盘口综合分析，可以断行近日属于洗盘，坚决低吸。

【道破短线天机】实战图谱166

图例166　冠豪高新（600433）盘口走势图谱

职业操盘手实训要点：

对照软件，认真观察实战图谱，把它们的走势特点写下来：

（1）空间位置：股价至此已经接近翻2倍了，积累了很多获利盘。

（2）均线结构：均线结构明显多头排列趋势，3日均线陡峭上行。

（3）量能结构：当天量比超过2倍，获利盘出逃的迹象明显。

（4）形态特征：上半场翻山越岭，下半场急剧跳水，阶段性出货迹象。

（5）操盘决策：观察5日均线是否有支撑，再进一步考虑如何应对。

【道破短线天机】实战图谱 167

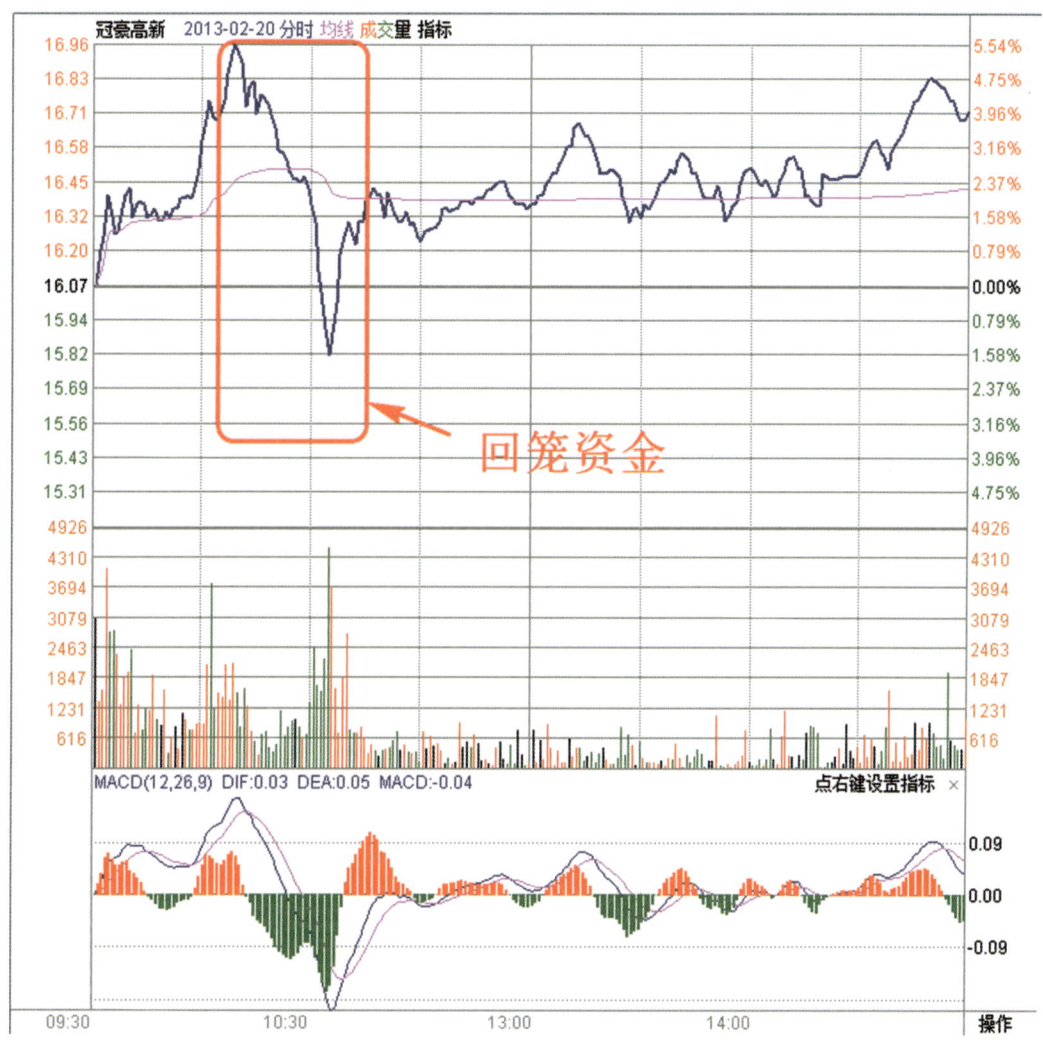

图例 167　冠豪高新（600433）盘口走势图谱

职业操盘手实训要点：

对照软件，认真观察实战图谱，把它们的走势特点写下来：

（1）空间位置：高位运行，积累了很多获利盘，需要进一步消化。

（2）均线结构：均线系统健康，观察短期均线系统是否有支撑。

（3）量能结构：观察当天量比明显缩小，筹码稳定性还算健康。

（4）形态特征：早盘冲高后回头杀跌，属于阶段性减仓，回笼资金。

（5）操盘决策：只要当天不跌破 3 日均线，超强势特征依然成立。

【道破短线天机】实战图谱 168

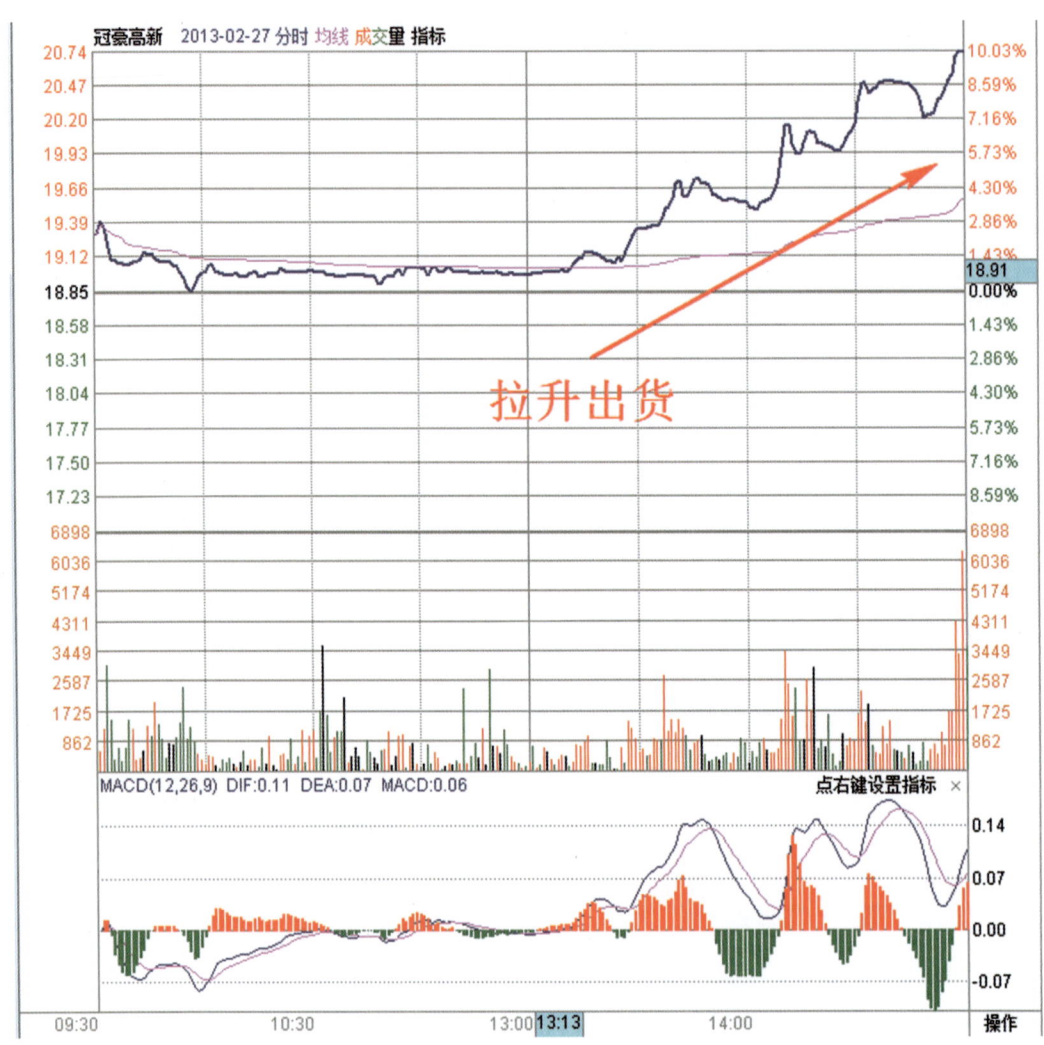

图例168　冠豪高新（600433）盘口走势图谱

职业操盘手实训要点：

对照软件，认真观察实战图谱，把它们的走势特点写下来：

（1）空间位置：高位运行，积累了很多获利盘，需要进一步消化。

（2）均线结构：均线系统健康，短期均线系统有支撑，支持股价进一步上涨。

（3）量能结构：观察当天量比明显缩小，说明筹码稳定性还算健康。

（4）形态特征：早盘缓慢回落，不破前收盘价，强势特征明显。

（5）操盘决策：尾盘再度涨停，比较投机，股价已高，谨慎持股。

【道破短线天机】 实战图谱169

图例169　冠豪高新（600433）盘口走势图谱

职业操盘手实训要点：

对照软件，认真观察实战图谱，把它们的走势特点写下来：

（1）空间位置：股价在空间位置高位运行，风险巨大，需要警惕。

（2）均线结构：均线系统十分完美，还没有出现变盘向下迹象。

（3）量能结构：成交量均衡，呈现出筹码锁定性良好，量价结构健康。

（4）形态特征：尾盘出现杀跌走势，属于部分获利盘急于出逃。

（5）操盘决策：只要5日均线不被击穿，就继续坚定持股，否则出局。

【道破短线天机】实战图谱170

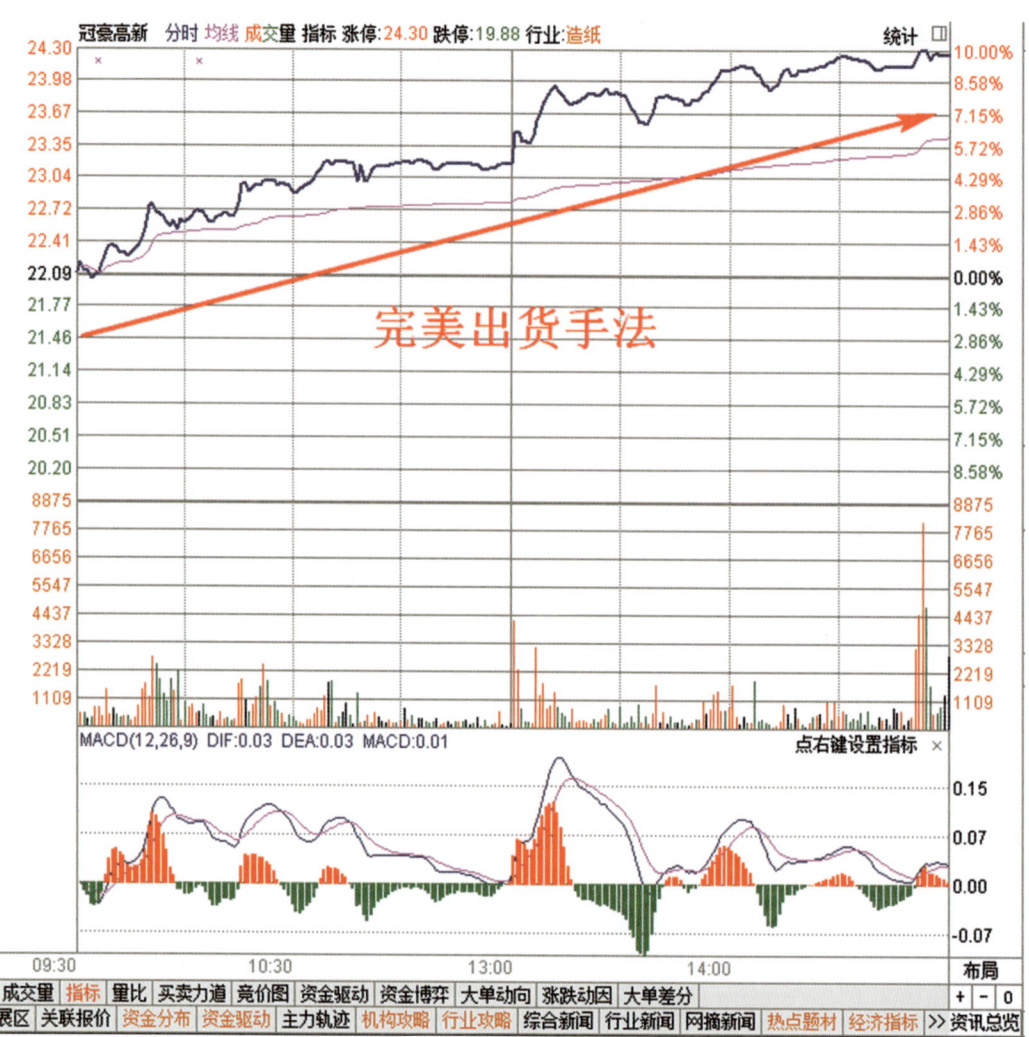

图例170　冠豪高新（600433）盘口走势图谱

职业操盘手实训要点：

对照软件，认真观察实战图谱，把它们的走势特点写下来：

（1）空间位置：高位运行，获利盘非常巨大，随时可能会出现跳水。

（2）均线结构：均线结构还是处于稳定状态，说明控盘力度很强。

（3）量能结构：成交量保持均衡态势，说明还没有大量出货迹象。

（4）形态特征：匀速拉升，节奏分明，韵律感强。说明操盘手法老到。

（5）操盘决策：目前已经演化成高度控盘的中线走势，继续持股。

第二节 短线狙击昌九生化（600228）

【道破短线天机】实战图谱 171

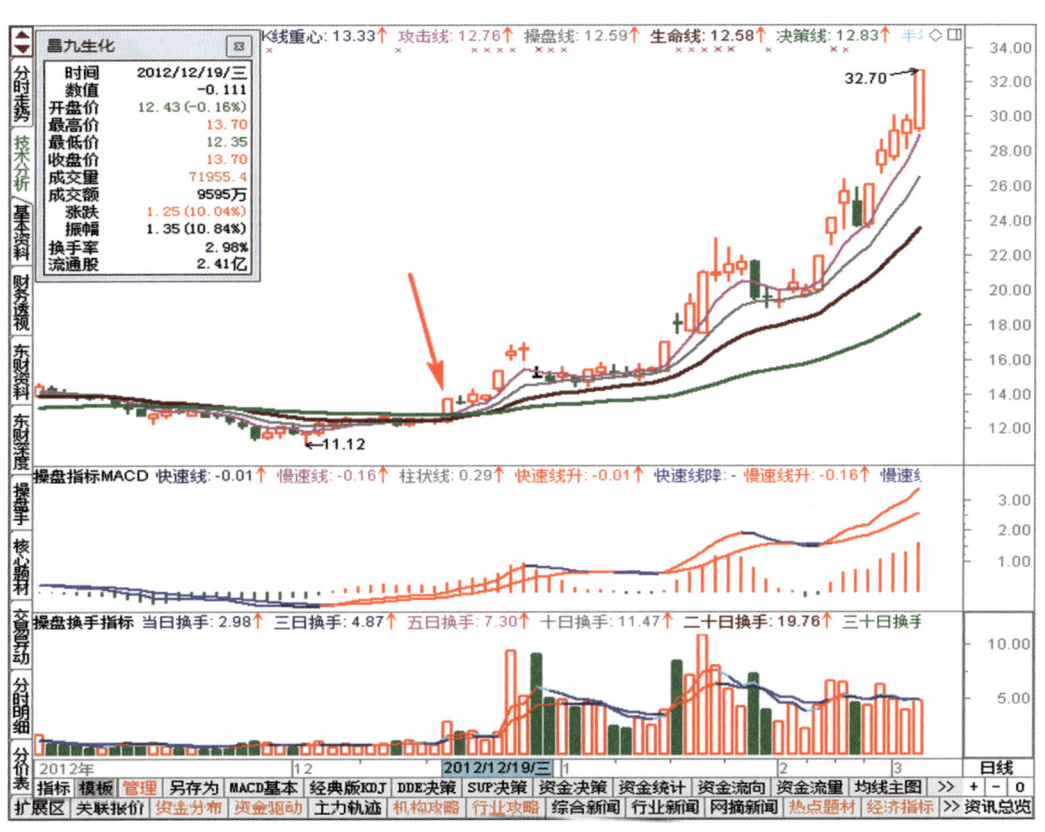

图例171 昌九生化（600228）日K线走势图谱

短线操盘策略分析：

（一）题材热点：稀土注入概念，资产重组概念。

（二）技术形态：经过长达一年多的大箱体整理，今日开始启动。

（三）最佳买点：股价站稳在60日均线上方的时候，积极进场。

（四）风险控制：底部区域风险控制放宽至10%止损。

（五）实战训练：参见实战图谱172所示，短线严格按照技术要领操作。

【道破短线天机】实战图谱172

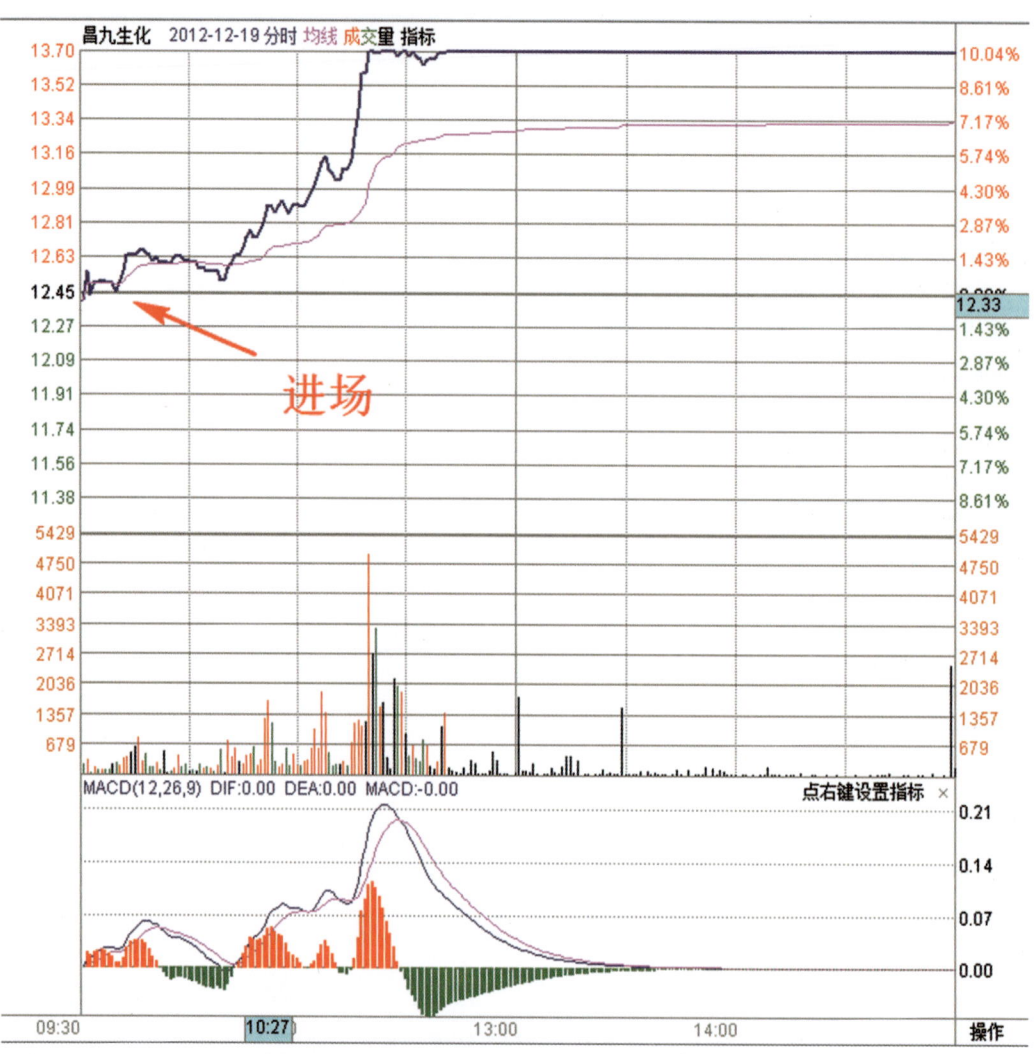

图例172　昌九生化（600228）盘口走势图谱

职业操盘手实训要点：

对照软件，认真观察实战图谱，把它们的走势特点写下来：

（1）空间位置：经过长达一年的整理之后，股价处于突破的临界点。

（2）均线结构：均线系统在低位出现多周期粘合，向上迹象明显。

（3）量能结构：今日量能明显放大，有启动拉升迹象。

（4）形态特征：日线周期出现低位起涨点，大行情即将展开。

（5）操盘决策：综合分析，得出结论是股价已经到了新一轮行情的起点。

【道破短线天机】实战图谱 173

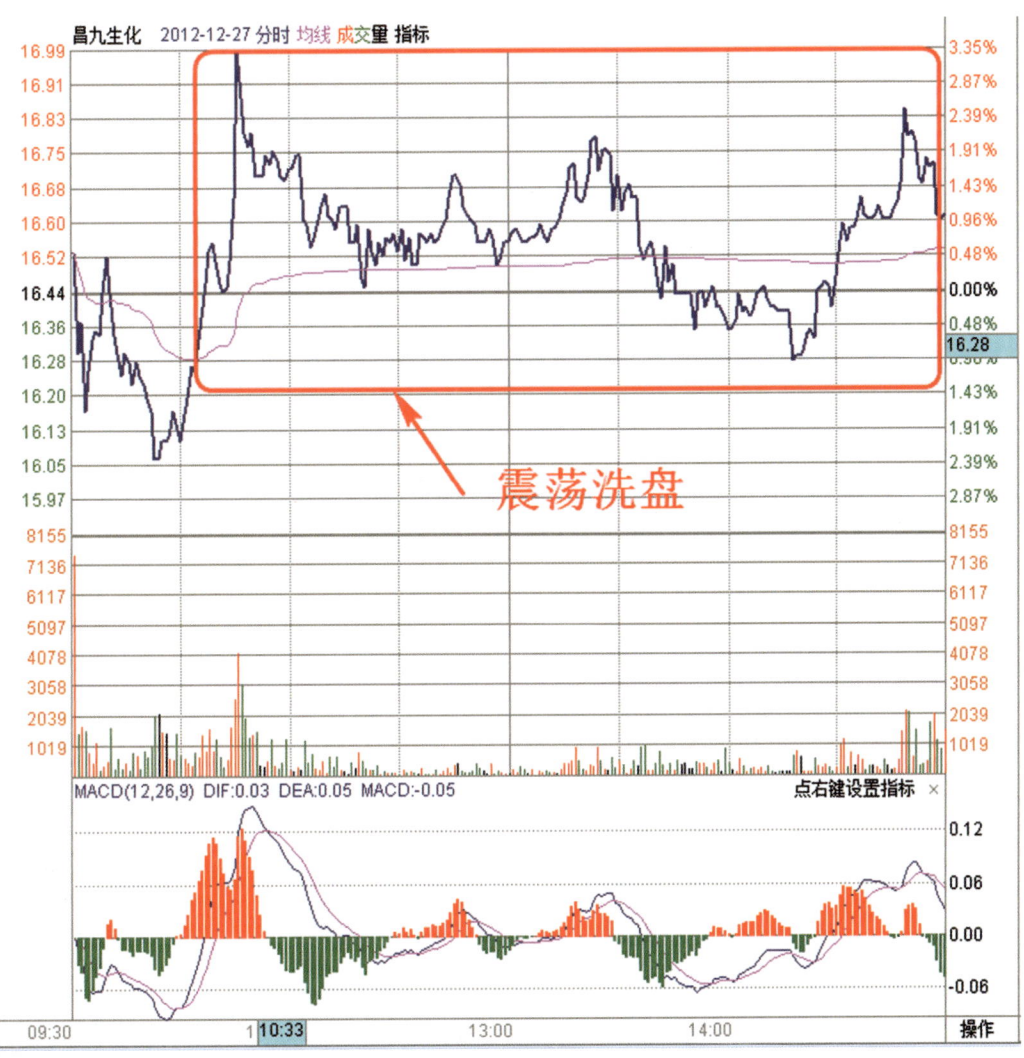

图例 173　昌九生化（600228）盘口走势图谱

职业操盘手实训要点：

对照软件，认真观察实战图谱，把它们的走势特点写下来：

（1）空间位置：从底部启动拉升以后，到今天已经完成了第一阶段的拉升。

（2）均线结构：5日均线的偏离值有些偏大了，存在着整理的内在要求。

（3）量能结构：日线周期成交量有些萎缩，价量背离，需要修正。

（4）形态特征：从K线结构来看，属于阶段性小头部，短期调整不可避免。

（5）操盘决策：因此，今天盘中出现快速拉升的时候，可以选择高抛。

【道破短线天机】实战图谱174

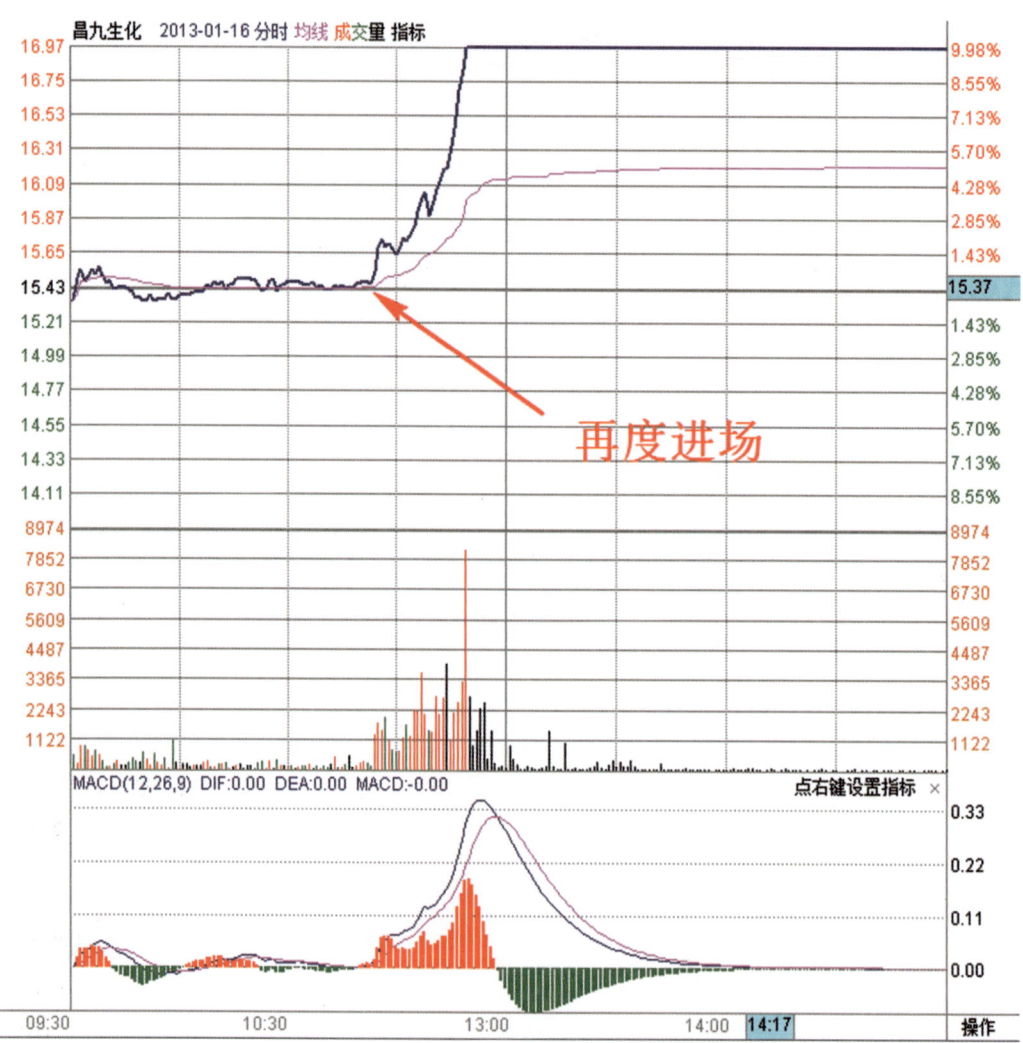

图例174　昌九生化（600228）盘口走势图谱

职业操盘手实训要点：

对照软件，认真观察实战图谱，把它们的走势特点写下来：

(1) 空间位置：经过长达两周的整理之后，股价回到了相对低位。

(2) 均线结构：短中期均线上升趋势并没有改变，依旧支撑股价向上。

(3) 量能结构：今天成交量放大比较明显，盘中攻击性量峰显著。

(4) 形态特征：这是典型的低位起涨点，属于新一轮拉升的开始。

(5) 操盘决策：在操作上，可以在有效站稳在前收盘价之上的位置买进。

【道破短线天机】实战图谱175

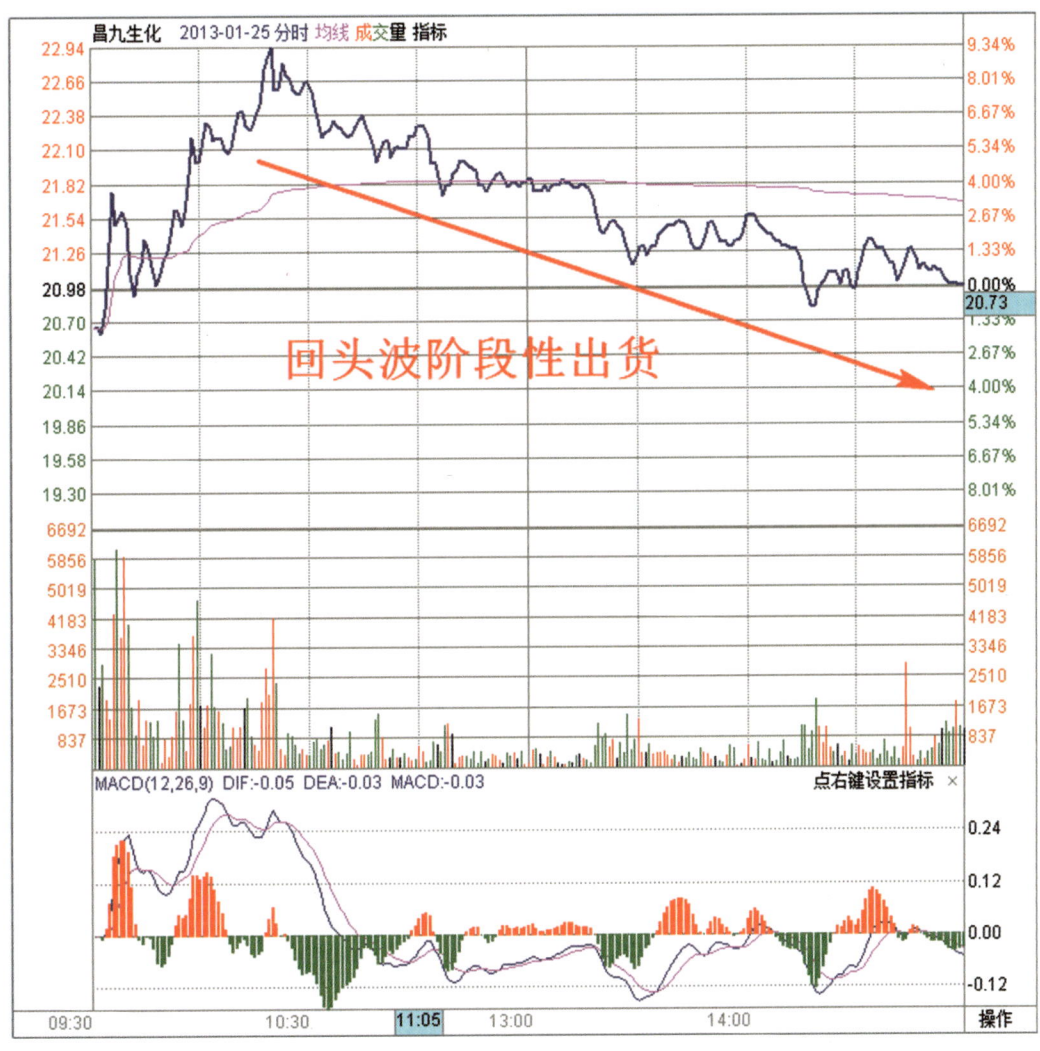

图例175　昌九生化（600228）盘口走势图谱

职业操盘手实训要点：

对照软件，认真观察实战图谱，把它们的走势特点写下来：

(1) 空间位置：经过前边的两波拉升之后，已经到了拉升阶段的中期。

(2) 均线结构：股价与60日均线的偏离值已经很大，需要警惕。

(3) 量能结构：成交量开始变得有些无序，说明开始出现套利迹象。

(4) 形态特征：分时图上开始出现明显的回头波出货走势，谨慎对待。

(5) 操盘决策：股价进入短期出货阶段，可以大胆滚动套利，高抛低吸。

【道破短线天机】实战图谱 176

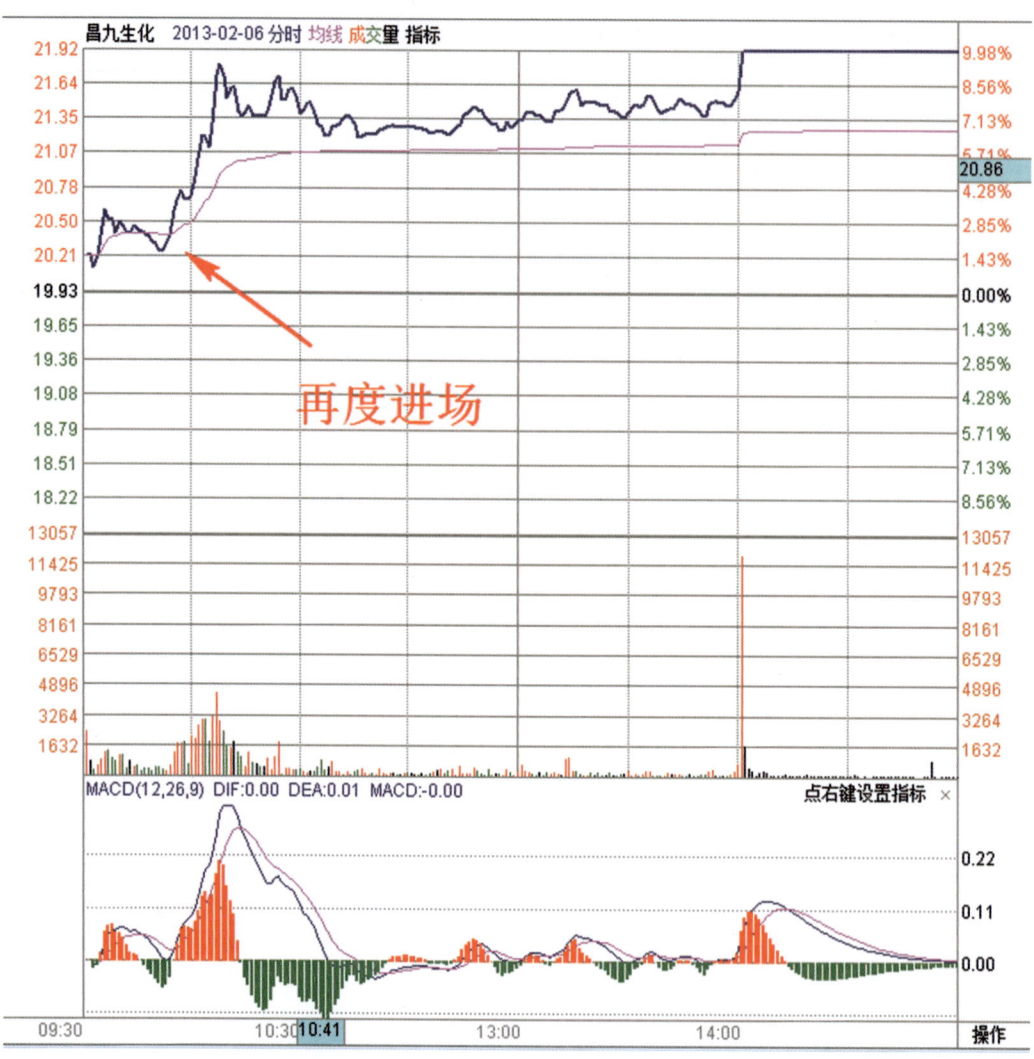

图例176　昌九生化（600228）盘口走势图谱

职业操盘手实训要点：

对照软件，认真观察实战图谱，把它们的走势特点写下来：

（1）空间位置：经过几天的调整之后，股价进入相对低位。

（2）均线结构：短期均线系统再次出现金叉，进入新一轮拉升周期。

（3）量能结构：成交量略有放大，说明攻击意愿依旧强劲。

（4）形态特征：分时图上出现三波攻击性拉升，做盘的积极性很高。

（5）操盘决策：在盘中站稳前收盘价之上时积极进场，短线操作。

【道破短线天机】实战图谱 177

图例 177　昌九生化（600228）盘口走势图谱

职业操盘手实训要点：

对照软件，认真观察实战图谱，把它们的走势特点写下来：

（1）空间位置：股价经过前边的三波拉升之后，已经进入拉升末期。

（2）均线结构：均线系统已经出现加速拉升的状态，60 日均线乖离值扩大。

（3）量能结构：成交量再次出现背离迹象，说明场外资金追高意愿不强。

（4）形态特征：K 线结构出现吞没形态，多头继续占据上风，看高一线。

（5）操盘决策：临盘应该逢低积极介入，并沿着 5 日均线反复套利。

【道破短线天机】实战图谱178

图例178　昌九生化（600228）盘口走势图谱

职业操盘手实训要点：

对照软件，认真观察实战图谱，把它们的走势特点写下来：

（1）空间位置：股价已经到达高位运行阶段，风险已经积累了不少。

（2）均线结构：短中期均线还处于健康状态，均线斜率依旧很大。

（3）量能结构：今日成交量略有放大，还属于比较健康状态。

（4）形态特征：分时图上出现了先拉后出的滚动出货迹象，需要警惕。

（5）操盘决策：可以继续持股，盘中继续选择机会反复滚动套利。

【道破短线天机】实战图谱 179

图例179　昌九生化（600228）盘口走势图谱

职业操盘手实训要点：

对照软件，认真观察实战图谱，把它们的走势特点写下来：

（1）空间位置：股价进入拉升末期，主力出货的空间已经十分巨大。

（2）均线结构：均线系统还是健康的，暂时还支持股价进一步上攻。

（3）量能结构：成交量开始出现萎缩特征，追高意愿已经不足。

（4）形态特征：分时图上出现了宽幅震荡的迹象，属于出货走势。

（5）操盘决策：谨慎持股，在没有出现见顶信号之前，不要急于离开。

【道破短线天机】实战图谱180

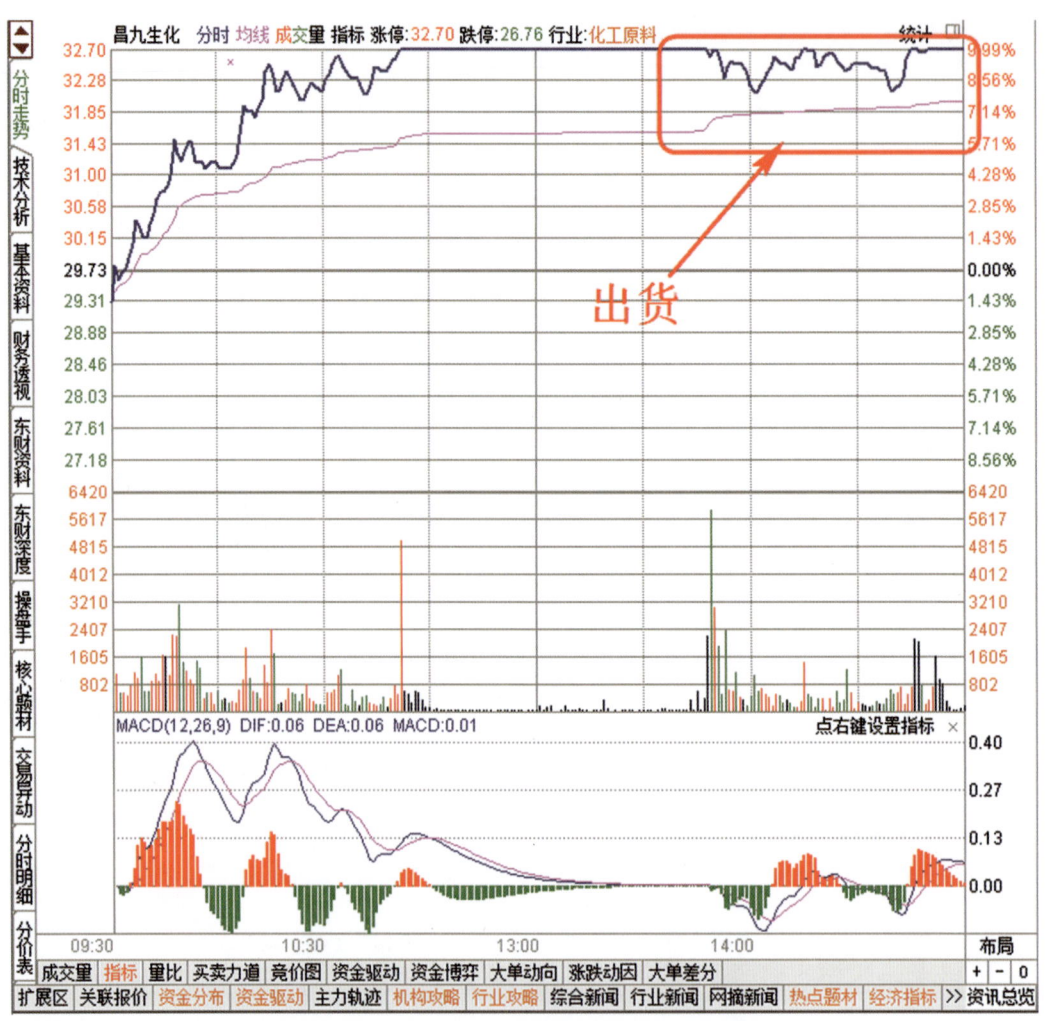

图例180　昌九生化（600228）盘口走势图谱

职业操盘手实训要点：

对照软件，认真观察实战图谱，把它们的走势特点写下来：

（1）空间位置：进入了高位运行阶段，主力随时可能出现抛售行为。

（2）均线结构：均线的滞后性此时已经表现出来，需要谨慎对待。

（3）量能结构：成交量暂时还算健康，但是，明显是跟风不足了。

（4）形态特征：分时图上出现了非常典型的出货迹象，需要警惕。

（5）操盘决策：涨停板上大量减仓，落袋为安，规避风险为主。

第三节　短线狙击中航重机（600765）

【道破短线天机】实战图谱 181

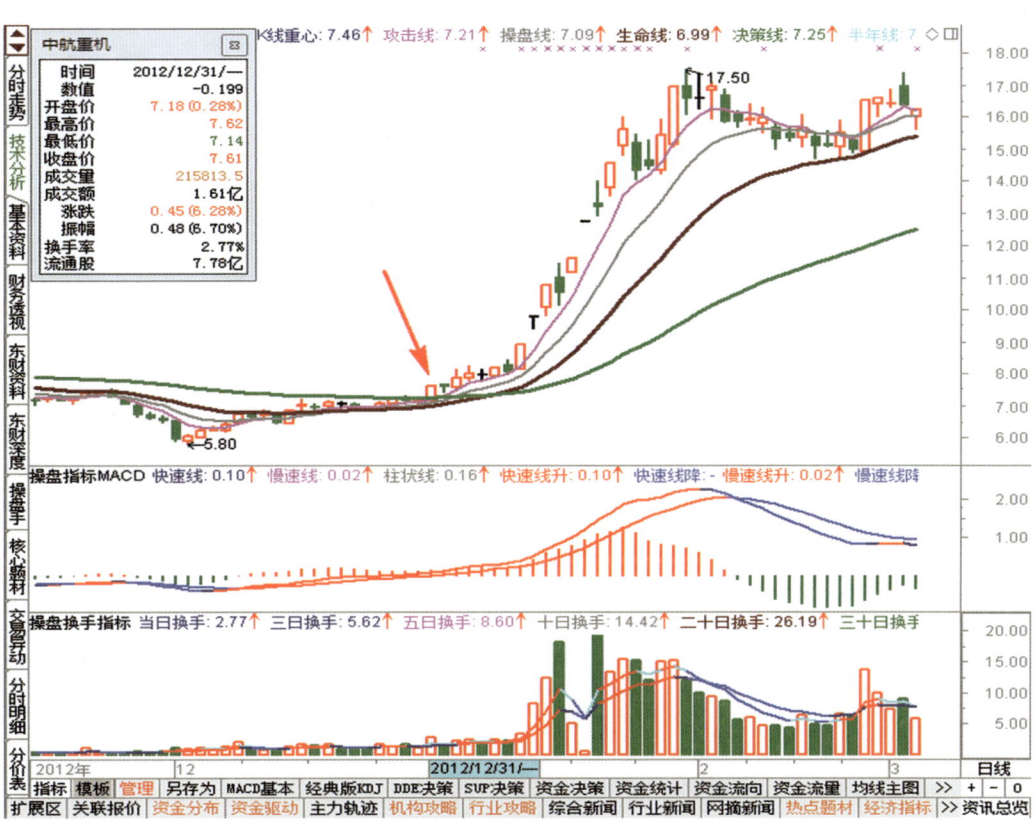

图例181　中航重机（600765）日K线走势图谱

短线操盘策略分析：

（一）题材热点：3D打印概念，中航系概念。

（二）技术形态：股价在低位构筑腾飞点，属于主升浪启动信号。

（三）最佳买点：股价站稳在60日均线上方的时候，积极进场。

（四）风险控制：底部区域风险控制放宽至10%止损。

（五）实战训练：参见实战图谱182所示，短线严格按照技术要领操作。

【道破短线天机】实战图谱182

图例182　中航重机（600765）盘口走势图谱

职业操盘手实训要点：

对照软件，认真观察实战图谱，把它们的走势特点写下来：

（1）空间位置：经过近期的反复蓄势之后，股价已经进入到短线突破的临界点。

（2）均线结构：短期均线系统已经演化为多头排列，即将向上金叉60日均线。

（3）量能结构：近日成交量一直均衡稳定，主力底部建仓迹象非常明显。

（4）形态特征：分时图上出现攻击性拉升，放量突破60日均线压制。

（5）操盘决策：股价成功突破，将进入新的拉升周期，短线积极介入。

【道破短线天机】实战图谱 183

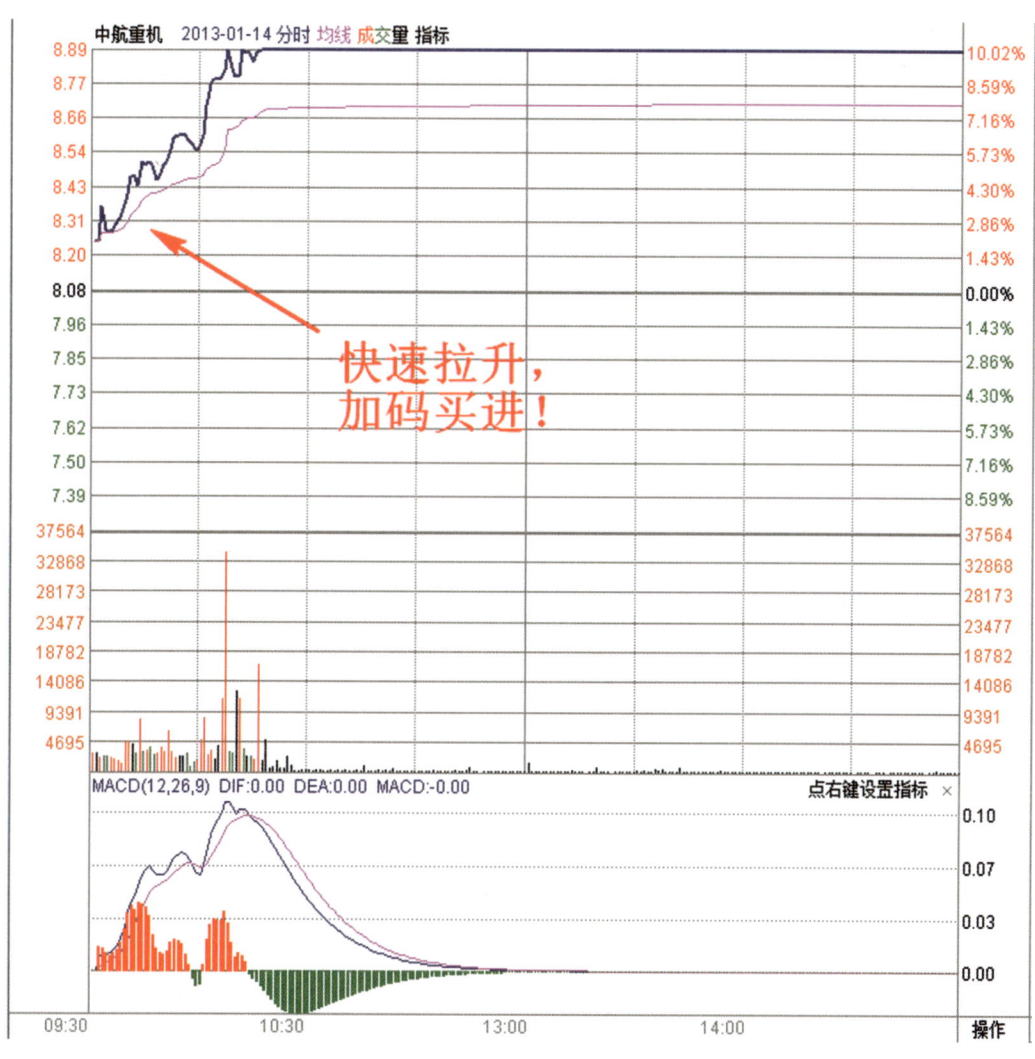

图例 183　中航重机（600765）盘口走势图谱

职业操盘手实训要点：

对照软件，认真观察实战图谱，把它们的走势特点写下来：

（1）空间位置：经过前一天短暂的整理之后，股价出现拉升中期站稳迹象。

（2）均线结构：5日均线被反复实验之后，始终没有出现有效跌破迹象。

（3）量能结构：从启动以来，成交量一直呈现为均衡特征，控盘有力。

（4）形态特征：今天出现多波拉升攻击涨停走势，说明行情进入加速阶段。

（5）操盘决策：短线投资者今天可以加大仓位，积极介入，短线套利。

【道破短线天机】实战图谱184

图例184　中航重机（600765）盘口走势图谱

职业操盘手实训要点：

对照软件，认真观察实战图谱，把它们的走势特点写下来：

（1）空间位置：经过连续三日的涨停之后，股价已经处于相对高位。

（2）均线结构：5日均线的斜率过大，有内在调整的需求。

（3）量能结构：今天股价高开低走，成交量明显放大，获利盘出逃明显。

（4）形态特征：分时图上出现了典型的上午出货、下午回补特征。

（5）操盘决策：上午出现典型的小头部时，适当高抛，尾盘回补。

【道破短线天机】实战图谱 185

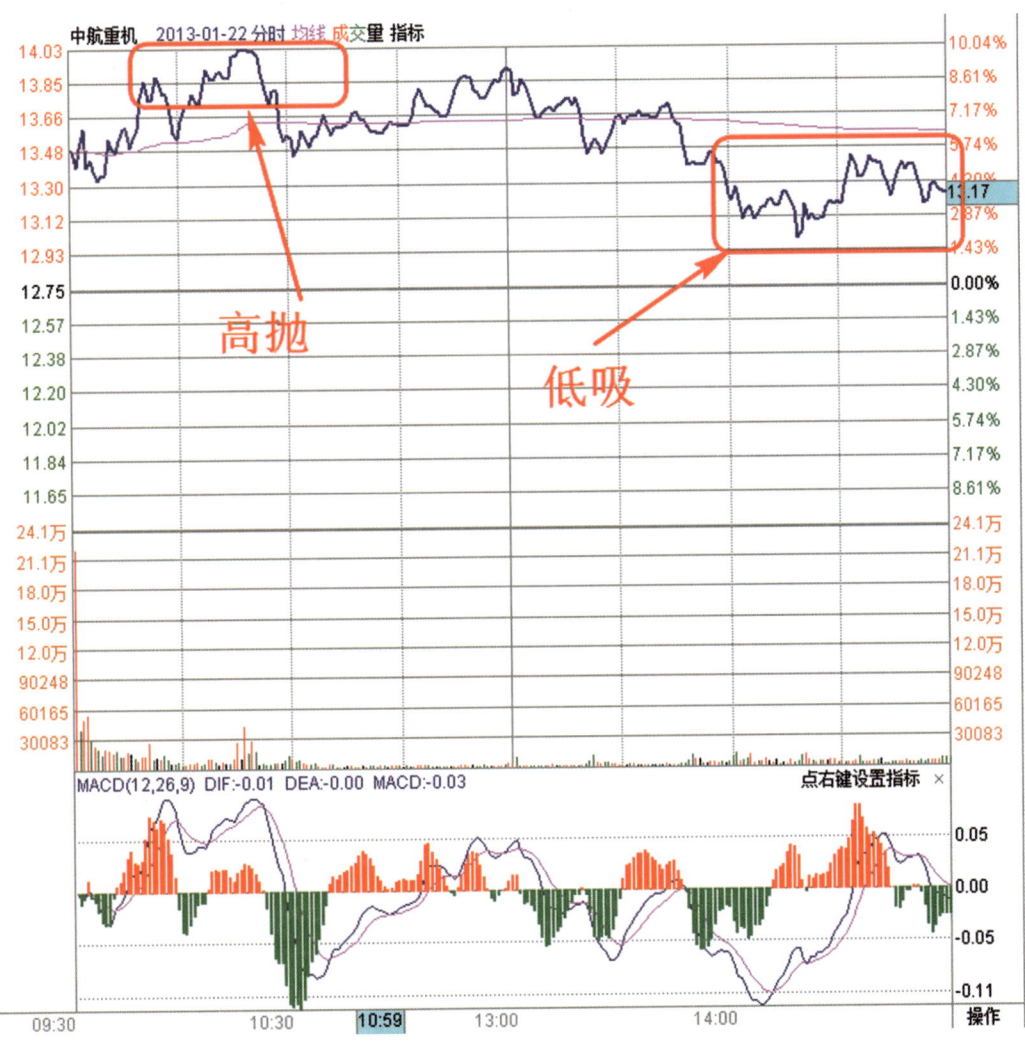

图例 185　中航重机（600765）盘口走势图谱

职业操盘手实训要点：

对照软件，认真观察实战图谱，把它们的走势特点写下来：

(1) 空间位置：经过两日涨停之后，股价今天再次到达阶段性高位。

(2) 均线结构：这时候均线系统的发散状态已经很明显，抛压开始变大。

(3) 量能结构：今天再次出现成交量急剧放大，说明短线获利盘开始出局。

(4) 形态特征：今日分时图上出现非常典型的涨停板出货走势，警惕。

(5) 操盘决策：上午涨停板被打开时，开始积极减仓，尾盘实施回补。

【道破短线天机】实战图谱186

图例186　中航重机（600765）盘口走势图谱

职业操盘手实训要点：

对照软件，认真观察实战图谱，把它们的走势特点写下来：

（1）空间位置：经过反复拉升之后，股价已经进入高位运行阶段。

（2）均线结构：均线系统还属于健康状态，但偏离值已经很大。

（3）量能结构：连续两天拉升，成交量都未能超过前边的阴线量。

（4）形态特征：从分时图上来看，已经出现了无心涨停的走势。

（5）操盘决策：此时可以锁定底仓，反复滚动套利，或者持股待新高。

【道破短线天机】实战图谱 187

图例 187　中航重机（600765）盘口走势图谱

职业操盘手实训要点：

对照软件，认真观察实战图谱，把它们的走势特点写下来：

（1）空间位置：股价已经进入高位运行阶段，风险已经十分巨大。

（2）均线结构：5日均线的斜率开始变小，说明主力的攻击力度变弱。

（3）量能结构：成交量处于均衡状态，暂时没有明显的背离迹象。

（4）形态特征：分时图上再次出现涨停板出货明显特征，谨慎对待。

（5）操盘决策：由于主力介入程度很深，可以继续持股或者滚动套利。

227

【道破短线天机】实战图谱188

图例188　中航重机（600765）盘口走势图谱

职业操盘手实训要点：

对照软件，认真观察实战图谱，把它们的走势特点写下来：

（1）空间位置：股价已经进入高位运行阶段，风险已经十分巨大。

（2）均线结构：5日均线的斜率开始变小，说明主力的攻击力度变弱。

（3）量能结构：成交量处于均衡状态，暂时没有明显的背离迹象。

（4）形态特征：分时图上出现盘中涨停板被打开的走势，出货明显。

（5）操盘决策：由于主力介入程度很深，可以继续持股或者滚动套利。

【道破短线天机】实战图谱189

图例189 中航重机（600765）盘口走势图谱

职业操盘手实训要点：

对照软件，认真观察实战图谱，把它们的走势特点写下来：

（1）空间位置：股价进入高位盘头阶段，滞涨明显，需要特别谨慎。

（2）均线结构：均线系统的60日均线偏离值已经很大。抛压沉重。

（3）量能结构：成交量开始萎缩，说明场外资金进场接盘的意愿不强。

（4）形态特征：早盘出现明显的出货走势，这是明显的见顶特征。

（5）操盘决策：盘口已经见顶，因此，短线投资者可以出局了。

【道破短线天机】实战图谱190

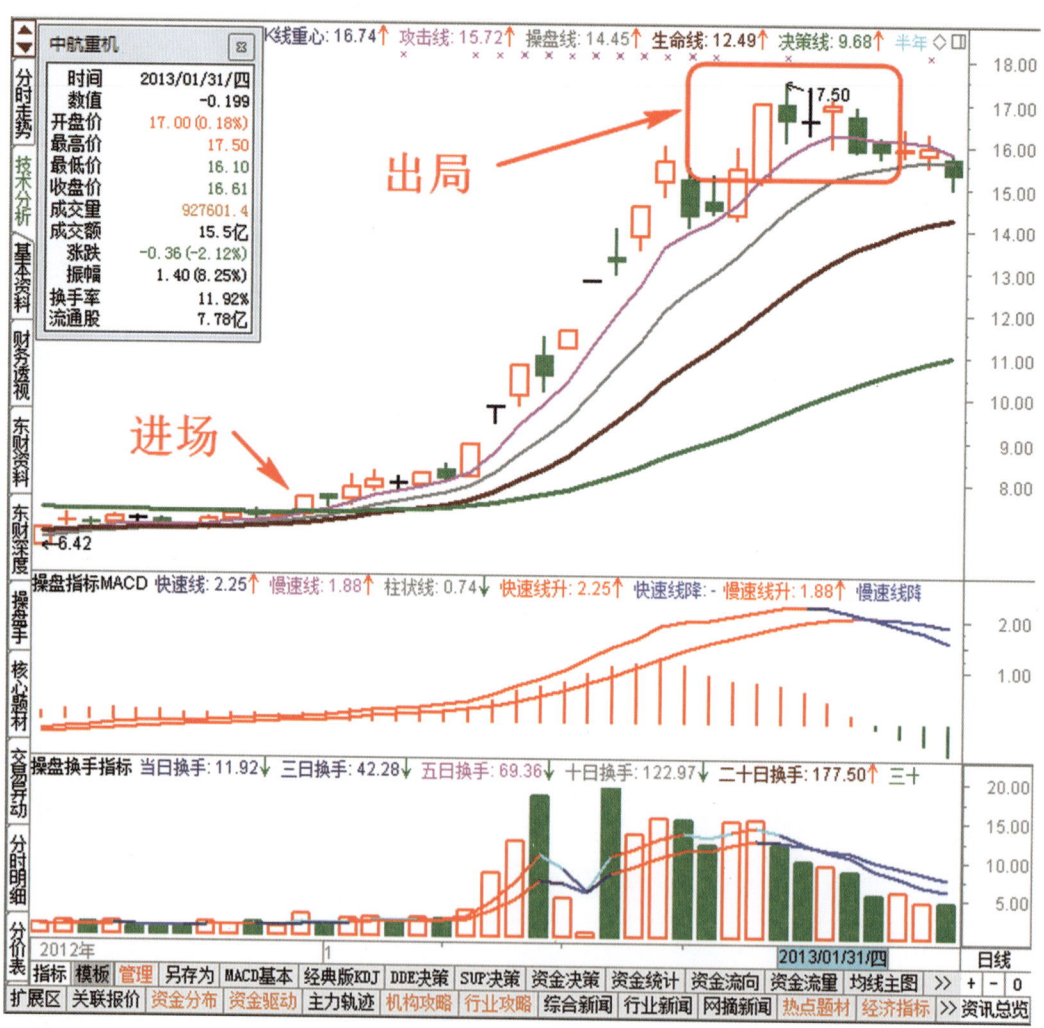

图例190　中航重机（600765）日K线走势图谱

职业操盘手实训要点：

对照软件，认真观察实战图谱，把它们的走势特点写下来：

（1）空间位置：近日已经进入高位盘头阶段，这是典型的出货时期。

（2）均线结构：5日均线开始软下来，表明主力开始放弃攻击性拉升。

（3）量能结构：成交量开始萎缩，说明前期拉升过程中已经出货不少。

（4）形态特征：这是典型的出货K线组合，见顶已经成为定局。

（5）操盘决策：因此，这时候要坚决出局，落袋为安，规避风险。

第四节 短线狙击创业环保（600874）

【道破短线天机】实战图谱191

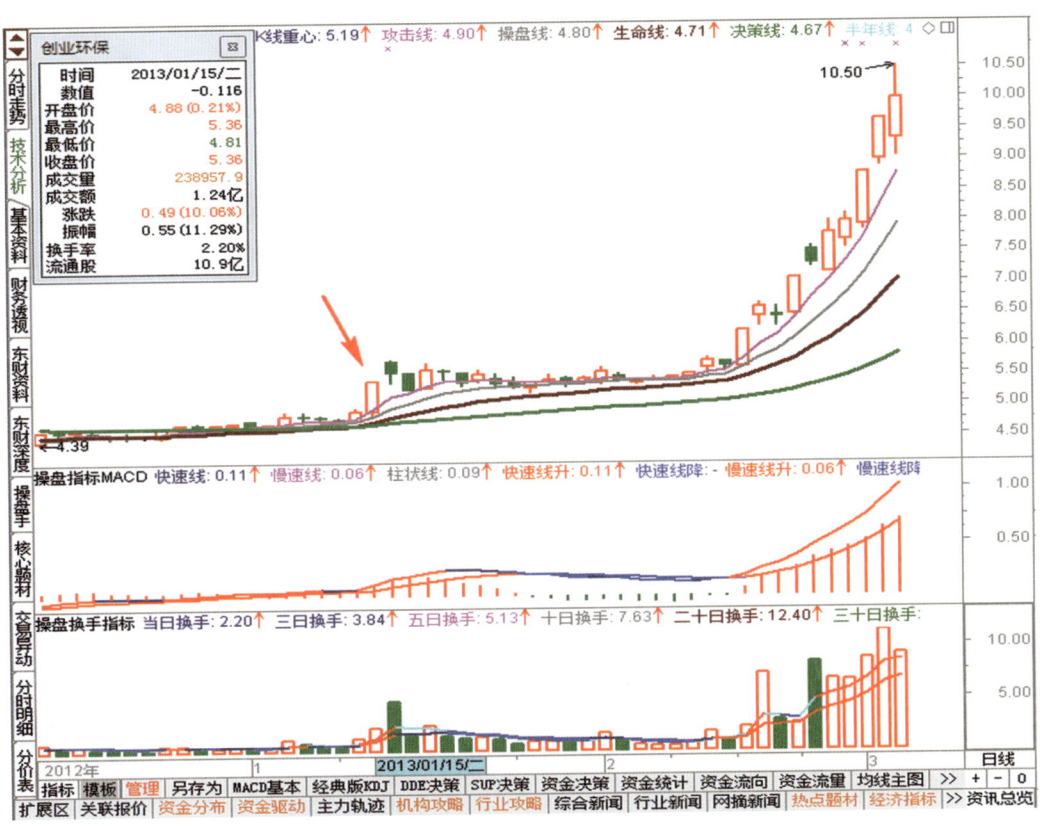

图例191 创业环保（600874）日K线走势图谱

短线操盘策略分析：

（一）题材热点：污水处理概念，美丽中国概念。

（二）技术形态：股价在低位构筑典型的腾飞点，进入新的拉升周期。

（三）最佳买点：股价站稳在5日均线上方的时候，积极进场。

（四）风险控制：底部区域风险控制放宽至10%止损。

（五）实战训练：参见实战图谱192所示，短线严格按照技术要领操作。

【道破短线天机】实战图谱192

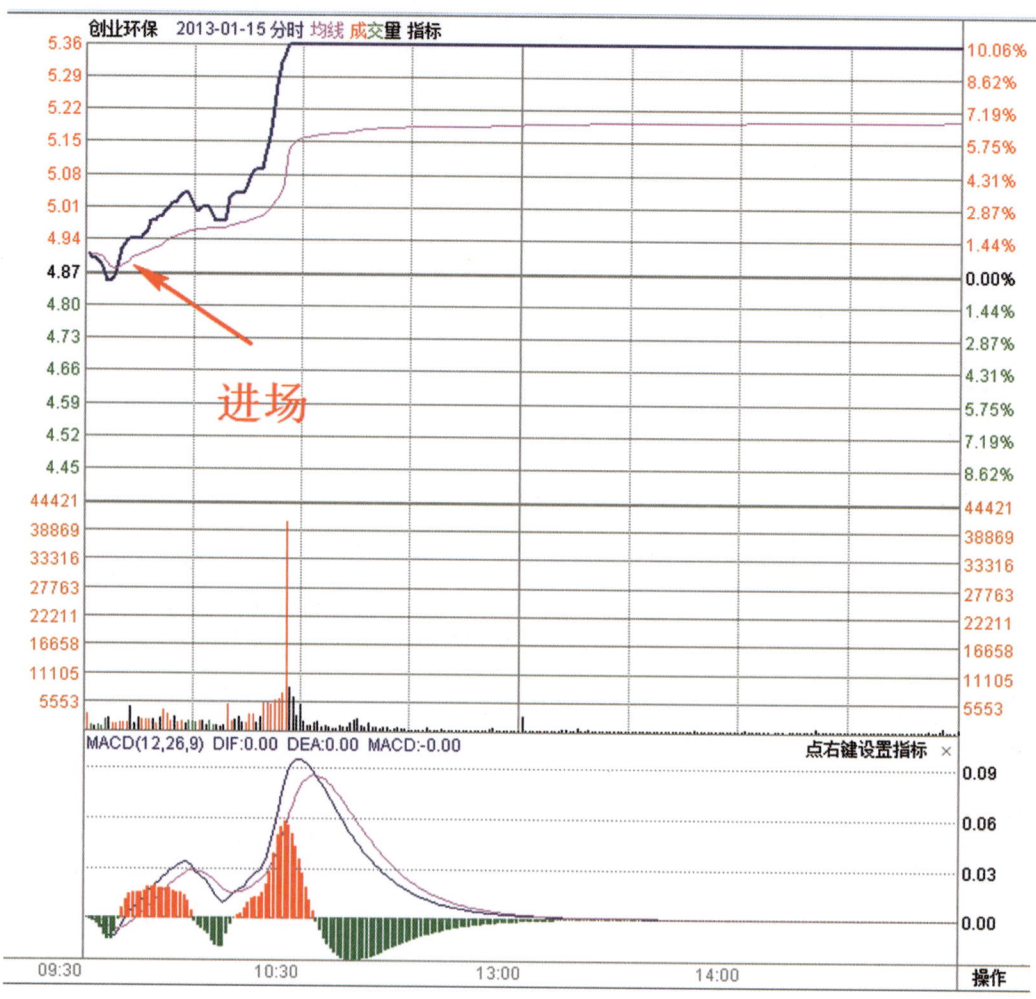

图例192　创业环保（600874）盘口走势图谱

职业操盘手实训要点：

对照软件，认真观察实战图谱，把它们的走势特点写下来：

（1）空间位置：这是底部区域出现的第一次突破走势，突破之后存在整理要求。

（2）均线结构：短中期均线系统在低位出现粘合后向上发散，趋势明显。

（3）量能结构：成交量明显放大，属于带量启动，宣告行情正式启动。

（4）形态特征：分时图场出现两波拉升涨停，但波长过长，需要整理。

（5）操盘决策：根据盘口走势得知，接下来需要及时高抛，规避调整。

【道破短线天机】实战图谱 193

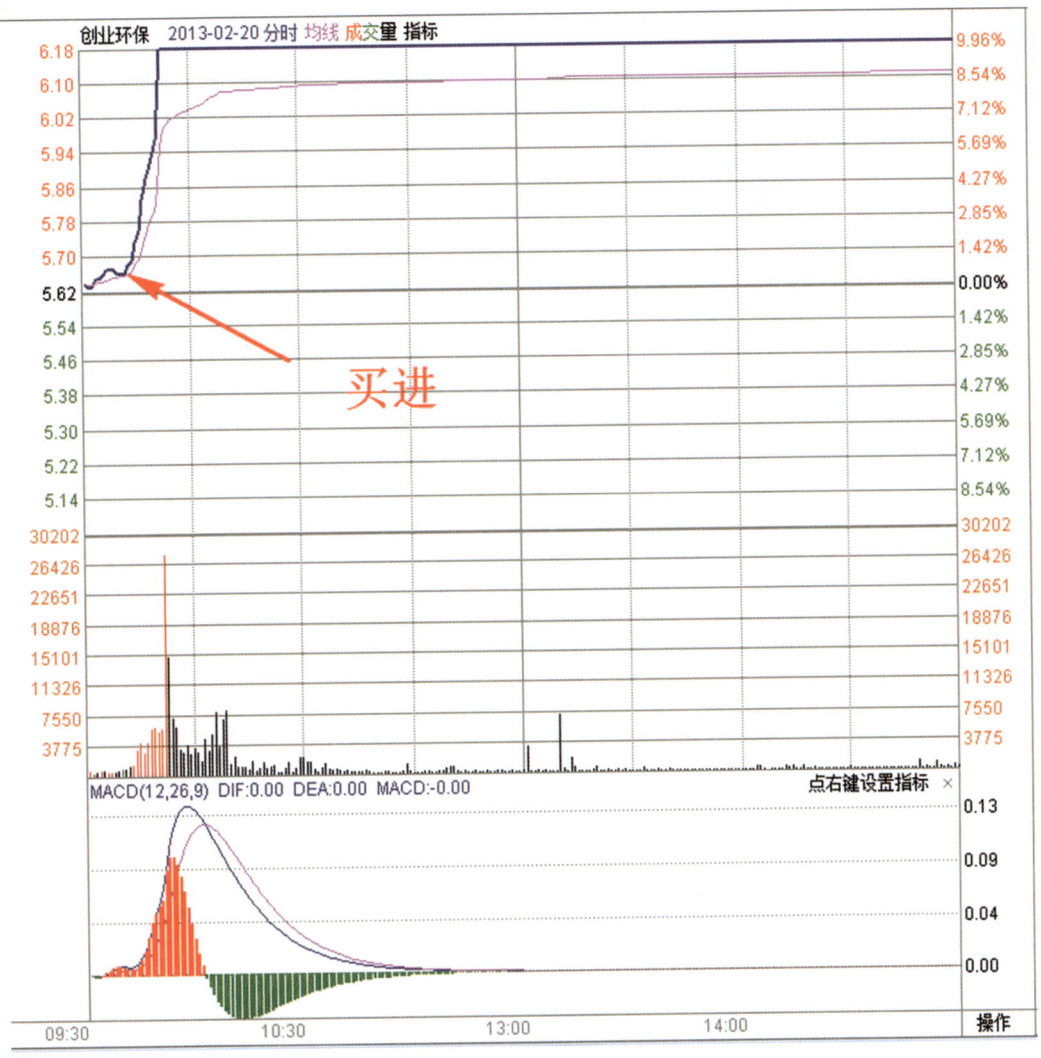

图例 193　创业环保（600874）盘口走势图谱

职业操盘手实训要点：
对照软件，认真观察实战图谱，把它们的走势特点写下来：
（1）空间位置：经过长达一个月的整理之后，股价再次进入到启动位置。
（2）均线结构：短期均线金叉向上，说明新的拉升行情具备了扎实的基础。
（3）量能结构：成交量急剧放大，说明多头投入了大量资金积极运作。
（4）形态特征：分时图上出现一长波拉升涨停，凶悍，威猛，姿势优美。
（5）操盘决策：盘中积极排队买入，次日还可以选择低点积极加仓买进。

【道破短线天机】实战图谱194

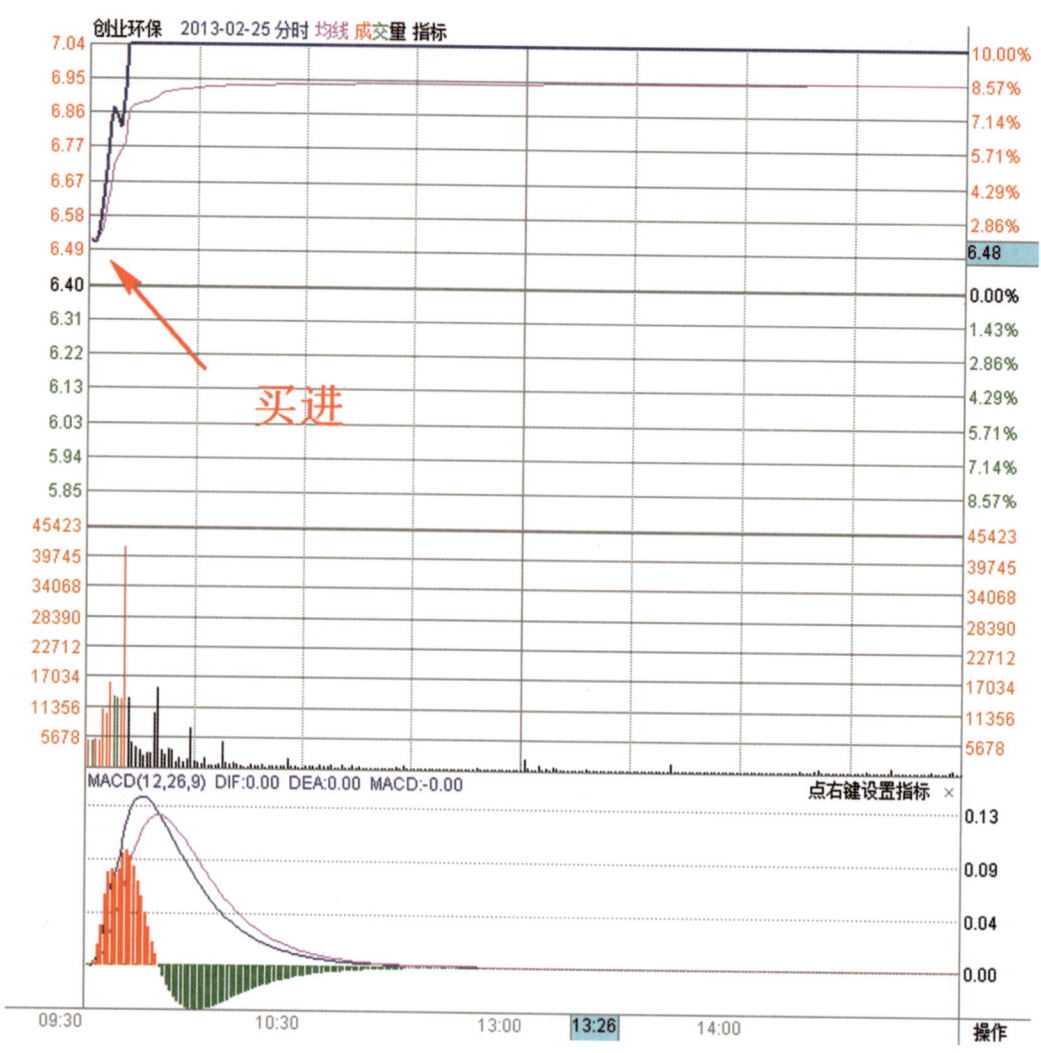

图例194　创业环保（600874）盘口走势图谱

职业操盘手实训要点：

对照软件，认真观察实战图谱，把它们的走势特点写下来：

（1）空间位置：经过两天整理之后，股价进入拉升中期的初始阶段。

（2）均线结构：股价沿着5日均线拉升，今天5日均线没被击破。

（3）量能结构：成交量不大，出现缩量拉升的迹象，说明筹码稳定。

（4）形态特征：早盘快速拉升，两波涨停，快速有力，攻击意愿强。

（5）操盘决策：积极买进，次日还可以选择低调点继续加仓买进。

【道破短线天机】实战图谱 195

图例 195　创业环保（600874）盘口走势图谱

职业操盘手实训要点：

对照软件，认真观察实战图谱，把它们的走势特点写下来：

（1）空间位置：股价进入拉升中期的后半段，振幅开始加大。

（2）均线结构：均线系统保持完美上升趋势，5 日均线斜率不变。

（3）量能结构：成交量略显萎缩，说明惜售氛围比较明显。

（4）形态特征：早盘出现低开情形，这是主力开始滚动套利的特征。

（5）操盘决策：根据股价运行规律，此时可以积极进行滚动操作。

【道破短线天机】实战图谱 196

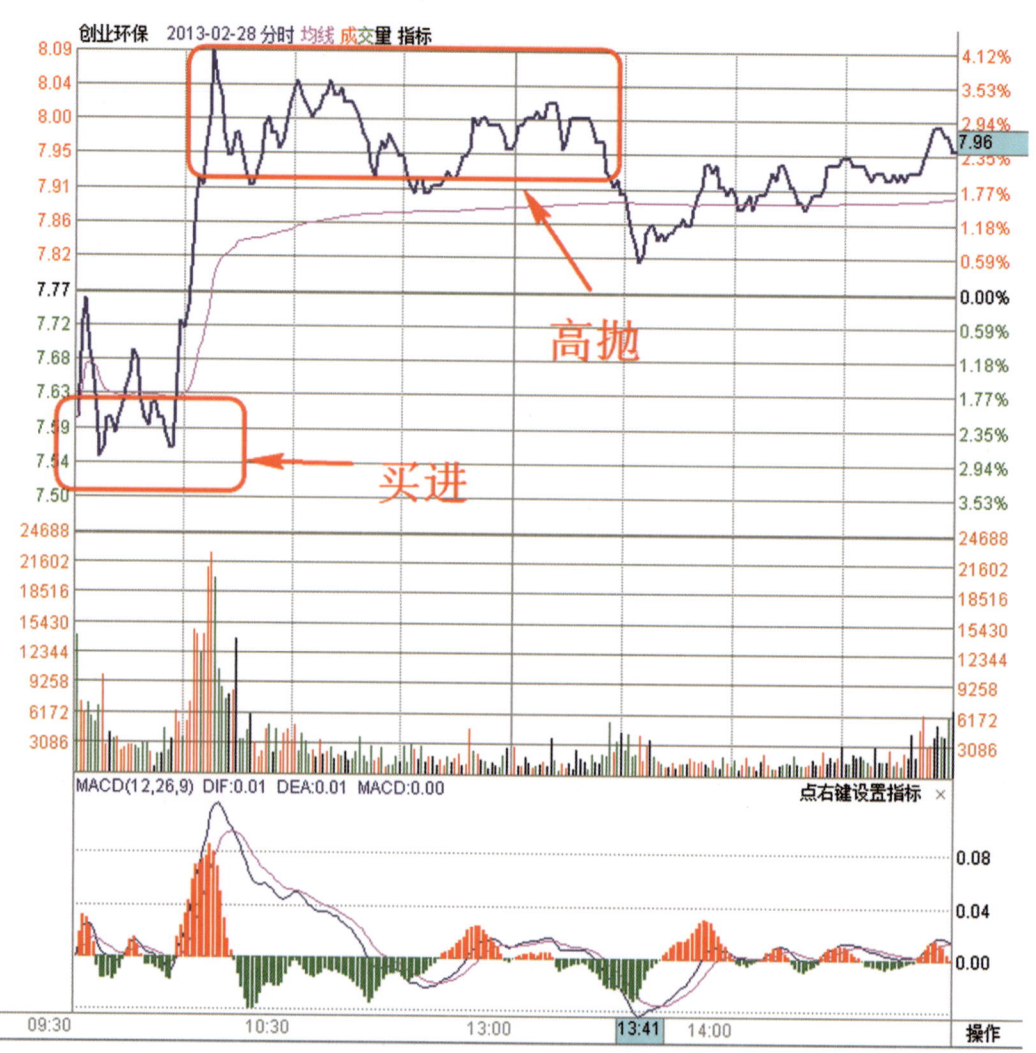

图例196　创业环保（600874）盘口走势图谱

职业操盘手实训要点：

对照软件，认真观察实战图谱，把它们的走势特点写下来：

（1）空间位置：股价进入拉升末期阶段的起点，风险不断加大。

（2）均线结构：均线结构依旧保持完美特征，但是60日均线偏离值过大。

（3）量能结构：今天的成交量呈现为均衡态势，说明筹码还算稳定。

（4）形态特征：分时图出现了震荡出货的特征，这是主力开始逃离了。

（5）操盘决策：临盘可以跟随主力积极滚动，实施高抛低吸，扩大盈利。

【道破短线天机】实战图谱 197

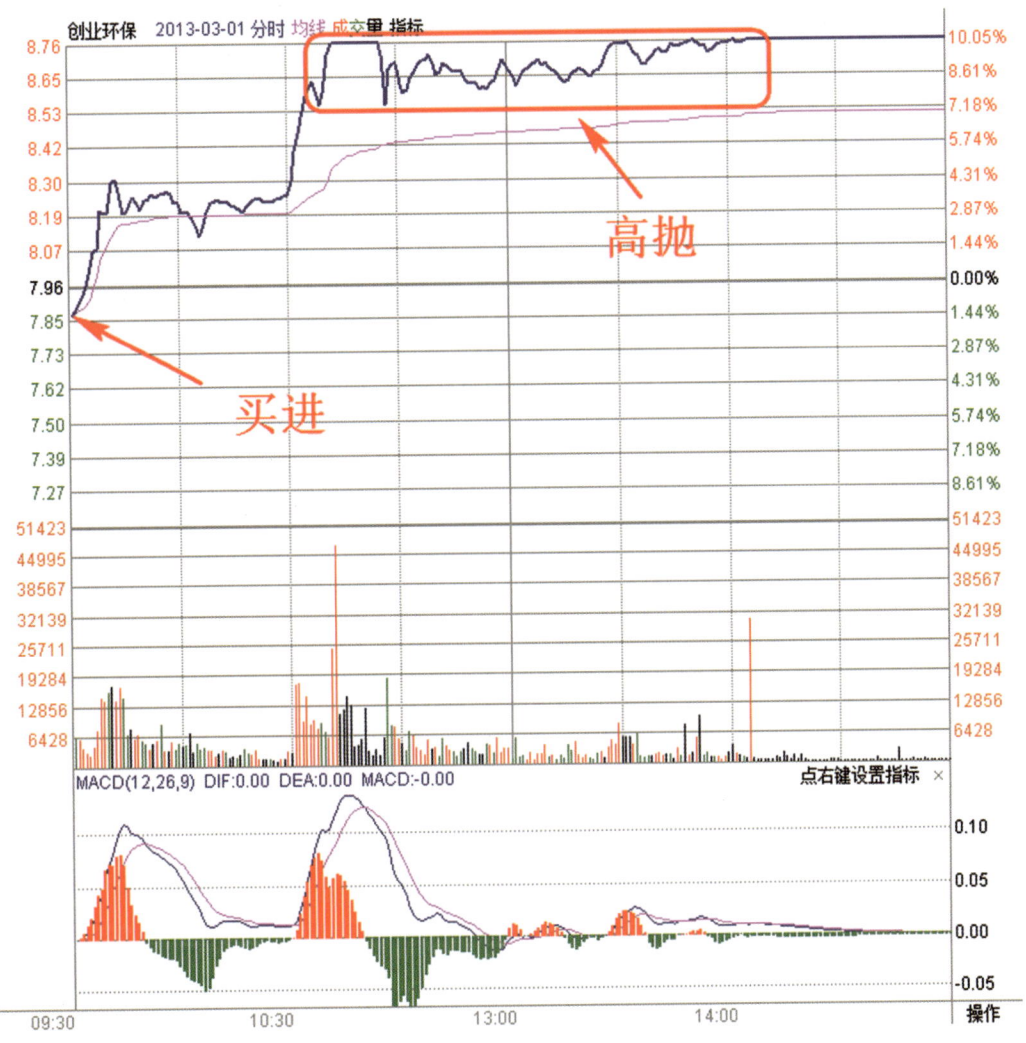

图例 197 创业环保（600874）盘口走势图谱

职业操盘手实训要点：

对照软件，认真观察实战图谱，把它们的走势特点写下来：

（1）空间位置：股价已经运行到了拉升阶段的后期，风险已经巨大。

（2）均线结构：均线结构依旧保持完美，但是，需要注意内在的风险。

（3）量能结构：成交量开始放大，说明多空分歧明显，筹码开始松动。

（4）形态特征：分时图上出现了涨停板出货的明显特征，这是危险信号。

（5）操盘决策：只要股价低点不下来，就可以继续实施滚动操作。

【道破短线天机】实战图谱 198

图例198　创业环保（600874）盘口走势图谱

职业操盘手实训要点：

对照软件，认真观察实战图谱，把它们的走势特点写下来：

（1）空间位置：股价进入拉升阶段的末期，风险已经十分巨大。

（2）均线结构：均线系统已经出现典型的喇叭口结构，危险啊。

（3）量能结构：成交量显示出不足，价量背离迹象出现了。

（4）形态特征：分时图上出现了压低出货的特征，尾盘下挫明显。

（5）操盘决策：从盘口看，主力已经大幅度撤退，因此出局吧。

【道破短线天机】实战图谱199

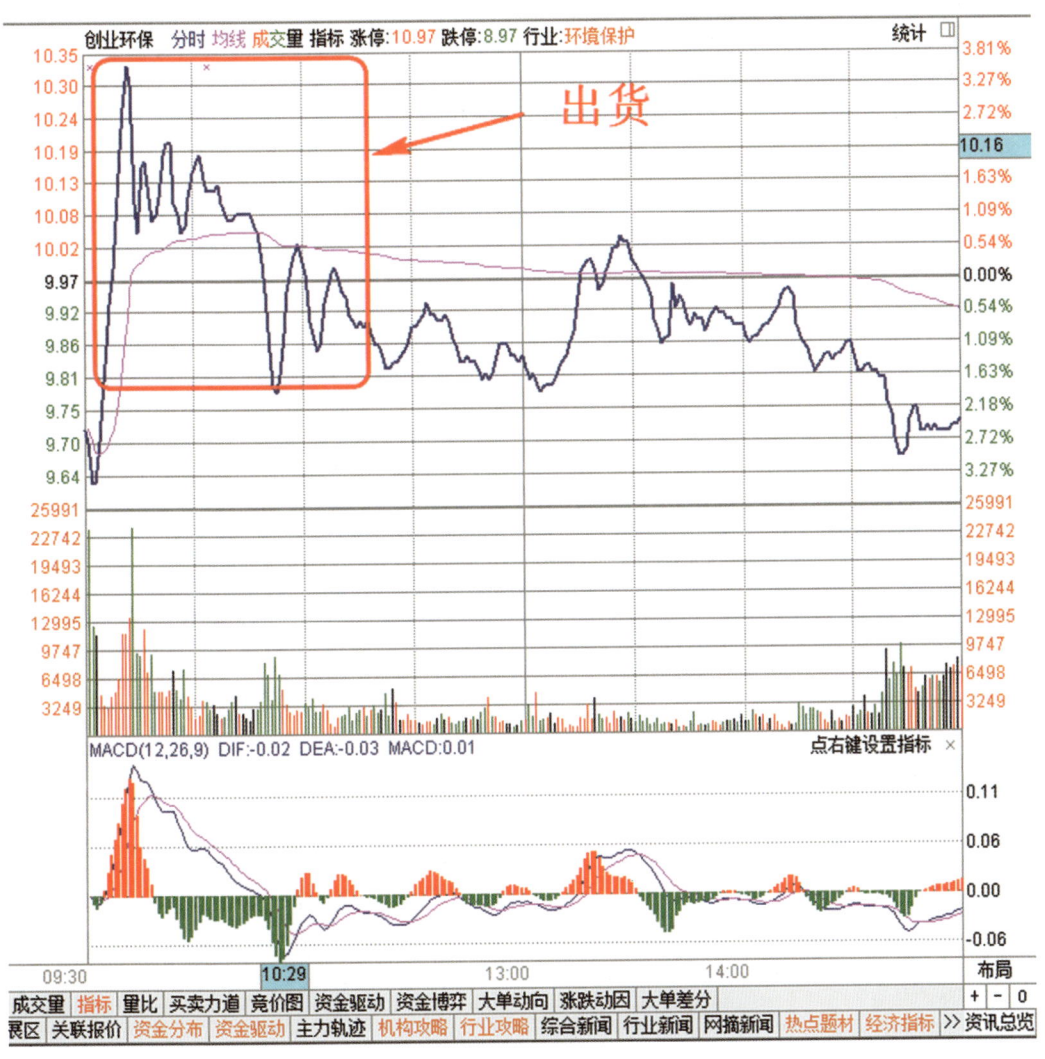

图例199　创业环保（600874）盘口走势图谱

职业操盘手实训要点：

对照软件，认真观察实战图谱，把它们的走势特点写下来：

（1）空间位置：股价处于高位运行之中，风险十分巨大。

（2）均线结构：均线系统已经出现明显的发散，抛压沉重。

（3）量能结构：成交量再次萎缩，说明接盘开始减少。

（4）形态特征：分时图上早盘出现了典型的诱多性拉升。

（5）操盘决策：主力已经甩尾货，下跌不可避免。清仓出局。

【道破短线天机】实战图谱200

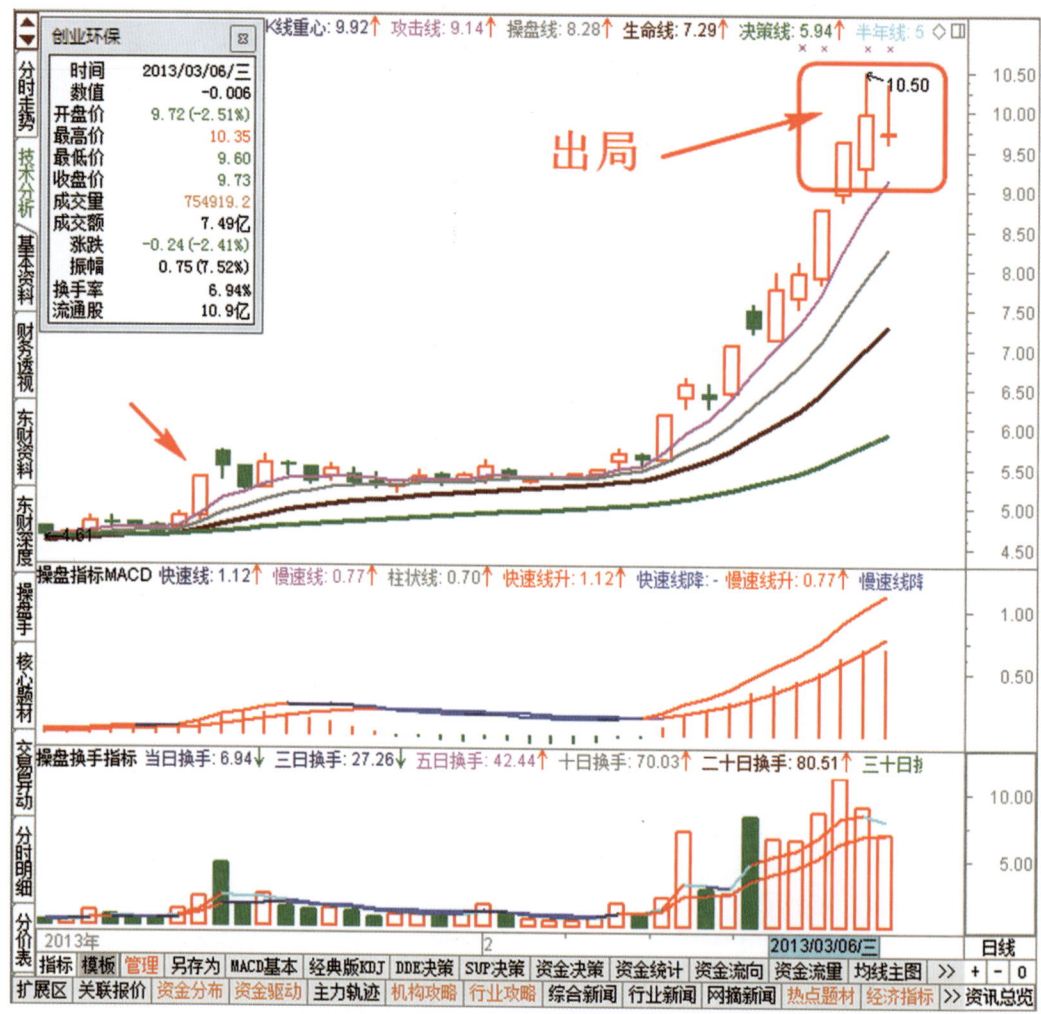

图例200　创业环保（600874）盘口走势图谱

职业操盘手实训要点：

对照软件，认真观察实战图谱，把它们的走势特点写下来：

（1）空间位置：股价进入高位运行之中，风险巨大，接下来下跌不可避免。

（2）均线结构：均线结构依旧多头排列，但发散过大，这属于危险信号。

（3）量能结构：成交量已经开始明显萎缩，说明跟风意愿明显不足了。

（4）形态特征：日线形态进入构筑头部阶段，短期内见顶不可避免。

（5）操盘决策：短期内获利已经十分巨大，此时可落袋为安，规避风险。